D1488224

L'HOMME DIEU

Luc Ferry est né en 1951. Agrégé de philosophie et de sciences politiques, il est aujourd'hui professeur à Paris VI. Il est notamment l'auteur de *La Pensée 68* (en collaboration avec Alain Renaut), *Homo Aestheticus, Le Nouvel Ordre écologique* (Prix Médicis de l'essai et Prix Jean-Jacques Rousseau).

Paru dans Le Livre de Poche :

HOMO AESTHETICUS
LE NOUVEL ORDRE ÉCOLOGIQUE

LUC FERRY

L'Homme-Dieu

ou le Sens de la vie

GRASSET

Pour Elizabeth

INTRODUCTION

DU SENS DE LA VIE :
LE RETRAIT D'UNE QUESTION

Dans le *Livre tibétain de la vie et de la mort*[1], Sogyal Rinpoché rapporte l'histoire de Krisha Gotami, cette jeune femme qui vivait encore au temps du Bouddha lorsqu'une maladie foudroyante emporta son petit garçon âgé d'un an : écrasée de chagrin, serrant contre elle son enfant chéri, Krisha se mit à errer dans les rues, implorant ceux qu'elle rencontrait de lui indiquer quelque moyen de le ramener à la vie. Certains l'ignorèrent, d'autres la crurent folle, mais finalement, un homme sage lui conseilla de s'adresser au Bouddha. Elle alla donc le voir, déposa le petit corps à ses pieds, et lui conta son malheur. Le Sage l'écouta avec une infinie compassion et lui dit doucement : « Il n'y a qu'un remède au mal qui t'assaille. Descends à la ville et rapporte-moi une graine de moutarde provenant d'une maison où il n'y a jamais eu de mort... »

On pressent la suite de l'histoire. Sa morale aussi. Krisha a beau frapper à toutes les portes, sans cesse la même réponse lui est faite : pour la graine de moutarde, pas de difficulté, mais pour le reste, tous les foyers ont eu leurs morts, nul n'est indemne. Lorsque la jeune femme retourne vers le Bouddha, elle est déjà sur la Voie : rien, dans le monde humain, n'est permanent. Le seul élément éternel, c'est « l'impermanence » elle-même, le caractère fluctuant et périssable de toute chose. Celui qui est assez

1. Éditions de la Table ronde, 1993, p. 54.

fou pour l'ignorer s'expose aux pires souffrances. Si l'on prend conscience des véritables causes du mal, si l'on perçoit qu'elles tiennent aux illusions d'un moi qui s'attache à ses « avoirs » quand la loi du monde est celle du changement, on peut parvenir à s'en libérer. Là est la sagesse.

Chacune à leur façon, les grandes religions [1] entendaient préparer les hommes à la mort, à la leur comme à celle de l'être aimé. C'est même dans cette initiation qu'elles nous invitaient à déchiffrer le sens de la vie humaine. Et les morales antiques, celles des stoïciens par exemple, mais plus près de nous, celle de Montaigne encore, tenaient pour assuré que la sagesse réside dans l'acceptation d'un ordre du monde incluant la finitude et que « philosopher », par conséquent, « c'est apprendre à mourir ». De nombreux passages de l'Évangile abordent cette question — née du conflit où s'opposent l'amour, qui porte à l'attachement, et la mort, qui est séparation — avec une simplicité comparable à celle du grand livre tibétain. Pour être différente, la réponse apportée n'en est pas moins dictée par le souci d'établir un lien entre la fin de la vie et sa signification ultime : lorsque Jésus apprend la disparition de Lazare, il fait l'épreuve d'une souffrance qui est celle des simples humains. Comme Marthe et Marie, les sœurs de Lazare, il se met à pleurer. Mais il sait déjà qu'il va rendre l'existence à celui qui n'a jamais douté et il déclare à Marthe : « Je suis la résurrection et la vie. Celui qui croit en moi vivra, même s'il meurt ; et quiconque vit, et croit en moi, ne mourra jamais » (Jean, XI).

S'accoutumer à l'impermanence ou prêter foi en la pérennité de la vie ? L'opposition semble au premier abord complète. Elle cache peut-être une affinité plus secrète. Car, pour le chrétien comme pour le bouddhiste, c'est face à la finitude que se jouait la question du sens. Pour l'un comme pour l'autre, sage était celui qui s'y préparait en se détournant de « l'avoir », des attachements et possessions de ce monde, au profit de « l'être ». La

---

1. Refusant l'idée d'un Dieu transcendant, le bouddhisme passe souvent pour n'être pas une religion. On peut en discuter. Il constitue à tout le moins une *Tradition spirituelle* qui entend prendre en charge les questions dernières de la vie humaine.

logique du bonheur n'était pas la seule qui vaille. Cela est si vrai qu'aux yeux des croyants, il y a peu encore [1], il allait de soi qu'une lente agonie, fût-elle douloureuse, était infiniment préférable à une fin brutale, même indolore : au moins laissait-elle le temps de faire sa paix et de recommander son âme à Dieu.

La banalité du deuil

Pour nous Modernes, la signification de cette attitude s'est peu à peu obscurcie. Athées ou agnostiques avertis, nous préférerions mourir sur le coup, sans souffrance et, si possible, sans y penser. Toute méditation sur la mort nous semble superflue, peu « virile » et, pour tout dire, pathologique. Freud, qui fut par excellence le penseur de la désillusion, l'a dit sans détour : « Quand on commence à se poser des questions sur le sens de la vie et de la mort, on est malade, car tout ceci n'existe pas de façon objective. » Montaigne et les stoïciens névrosés ? Et avec eux tous les prétendus sages de la tradition ? Les écailles de la superstition nous sont peut-être tombées des yeux. Mais privés de mythes, que nous reste-t-il à dire et à penser devant l'absurdité du deuil ? La psychologie, et c'est un fait majeur, a détrôné la théologie. Pourtant, le jour de l'enterrement, au pied du mur et du cercueil la gêne s'empare des esprits. Que dire à la mère qui a perdu sa fille, au père éploré ? Nous sommes confrontés brutalement à la question du sens ou, plutôt, à son éclipse dans le monde laïcisé. Réduits au seul discours des affects, nous faisons intérieurement l'épreuve de ses limites : le réconfort apporté par quelques gestes de compassion, si précieux soit-il, n'est pas à la mesure de la question posée par une absence dont nous savons bien qu'elle est devenue, en termes propres, insensée. De là les banalités d'usage. Elles ne parviennent pourtant pas à dissimuler que le roi est nu. Si la sagesse des grandes religions ne convient plus à nos temps démocratiques, si tout retour semble

---

1. C'est dans cette optique que Jean-Paul II, dans *L'Évangile de la vie* (Cerf/Flammarion, 1995), condamne l'euthanasie et va jusqu'à faire l'éloge de la souffrance qui précède la mort.

impossible, nous n'avons cependant rien inventé qui
puisse en tenir lieu de façon acceptable. Pour n'être pas
toujours négligeables, les béquilles offertes par la psychanalyse demeurent ce qu'elles sont : d'habiles prothèses.
Freud a vaincu Montaigne, mais sa victoire laisse un goût
d'amertume.

La raison de ce vide ne saurait échapper. Dans la perspective d'une eschatologie religieuse, la vieillesse, loin
d'être le signe d'une déchéance irréversible et insensée,
était, sinon le synonyme de la sagesse, du moins l'une
des conditions nécessaires à son accès. Elle occupait une
place éminente, irremplaçable, au sein des âges de la vie.
Le cortège des maux qui l'accompagnent pouvait passer
pour une épreuve initiatique — là où nous ne percevons
plus qu'une négativité absolue. Au rebours exact des
enseignements traditionnels, nous en venons même à conférer parfois une signification éthique à l'euthanasie.
L'idéal des temps messianiques était qu'il n'y ait « plus
d'homme qui ne parvienne au bout de sa vieillesse », quel
qu'en soit le prix à payer[1]. Toutes orientées vers l'avenir,
solidement arrimées à l'idée de « Progrès », nos sociétés
n'ont que très peu à dire sur ces grands maux, sinon qu'il
faut, face à eux, organiser la fuite.

À ce changement radical dans le rapport au sens, il
est un motif que Rousseau déjà, sur ce point comme sur
quelques autres, précurseur de nos temps désenchantés,
avait entrevu dans un passage lumineux de son *Discours*
sur l'origine de l'inégalité. C'est à ses yeux l'essence
même de l'homme (moderne ?), laquelle se dévoile dans
sa différence d'avec l'animal, qui implique l'absurdité de
la maladie, de la vieillesse et de la mort. Il est, dit-il,
une « qualité très spécifique qui distingue (l'homme et
l'animal), et sur laquelle il ne saurait y avoir de contestation : c'est la faculté de se perfectionner, faculté qui, à
l'aide des circonstances, développe successivement toutes
les autres et réside parmi nous tant dans l'espèce que dans
l'individu ; au lieu qu'un animal est au bout de quelques
mois ce qu'il sera toute sa vie, et son espèce au bout de
mille ans ce qu'elle était la première année de ces mille

---

1. *L'Évangile de la vie, op. cit.*, p. 72.

ans. Pourquoi l'homme est-il sujet à devenir imbécile ? N'est-ce point qu'il retourne ainsi dans son état primitif et que, tandis que la bête, qui n'a rien acquis et qui n'a rien non plus à perdre, reste toujours avec son instinct, l'homme reperdant par la vieillesse ou d'autres accidents tout ce que sa *perfectibilité* lui avait fait acquérir, retombe ainsi plus bas que la bête même ? »

On ne saurait mieux dire, ni de manière plus concise, le tragique de la modernité : que faire du déclin si la vocation de l'homme est au progrès ? Si l'être humain se définit par sa liberté, entendue comme une faculté de s'émanciper des lois de la seule nature animale, de s'arracher à tous les codes rigides de l'instinct pour aller sans cesse vers plus de perfection culturelle et morale, sa grandeur suprême n'est-elle pas aussi sa perte la plus sûre ? Voué à l'historicité, comment pourrait-il accorder la moindre signification à l'inévitable déréliction qui est aussi son lot ? Lorsque l'avenir prend la place du passé, lorsqu'il ne s'agit plus d'obéir aux coutumes des anciens mais de construire un homme nouveau, la vieillesse n'est plus sagesse mais déchéance. D'où la frénésie que l'homme moderne met, le temps venu, à la dissimuler. Masque du non-sens, cosmétique dérisoire à laquelle cependant nul n'échappe tout à fait dans un univers où l'horizon du futur épuise le champ des significations et des valeurs, où l'exaltation de la jeunesse, parce qu'elle est seule prometteuse, implique, comme l'envers d'une médaille, l'inanité d'une vieillesse qu'il faut bien, dès lors, se résoudre à cacher.

Chirurgie esthétique contre religion ? Il n'est pas certain que, sur ce point du moins, le combat soit en notre faveur, pas non plus certain que nous soyons aisément capables d'échapper à un dilemme dont la formulation caricaturale est si souvent la plus juste. Les philosophes des Lumières s'y sont essayés, et tous nos progressistes après eux, Marx en tête, conscients que leur idéal butait sur la difficulté entrevue par Rousseau. Ils nous ont suggéré cette consolation : l'individu, certes, décline, et sa déchéance, en effet insensée à son niveau particulier, n'en possède pas moins une signification pour l'espèce. Ainsi chaque savant apporte-t-il sa contribution, fût-elle modeste, à l'édifice de la science. Les « grands hommes » s'élèvent même, sur ce mode laïcisé, à une forme d'immortalité, consignés qu'ils sont dans ces nouveaux textes sacrés que sont les livres d'histoire. Et c'est par quoi le scientisme a pu si aisément devenir, pour le XIXe siècle, l'équivalent laïc des religions défuntes.

Insigne fragilité de la transposition : comment, dans un monde où l'individu advient enfin à lui-même, dans une société des droits de l'homme où l'autonomie s'oppose à tous les communautarismes, se satisfaire de ce qui vaut seulement pour une entité anonyme et abstraite, « l'espèce » ? L'essentiel est de participer, dit-on, d'apporter sa pierre. Soit ! Mais cet essentiel n'est-il pas l'accessoire même, le dérisoire par excellence au regard de l'individu qui se retire du monde et disparaît à jamais ? Kierkegaard, dissimulant son œuvre sous des pseudonymes, tenta d'échapper à ces célébrations : la religion du progrès, de l'immortalité laïque d'un nom gravé pour l'éternité dans « l'histoire universelle », de l'œuvre confiée à la postérité, n'est qu'un succédané. La réalité ultime, la seule qui vaille lorsqu'il s'agit du sens de l'existence, n'est pas celle de « l'exemplaire », mais d'un individu unique et sans équivalent. La montée de l'individualisme aidant, le sentiment s'estompe, selon lequel le sens de la vie pourrait venir d'une « contribution » apportée à un édifice grandiose, qu'il s'agisse de la science, du socialisme, de la patrie, pour ne rien dire de notre construction européenne...

Sous l'apparente banalité du mal, c'est ainsi à un redoutable défi que nous sommes confrontés : des réponses apportées, de la façon dont nous aménageons les peurs qu'il suscite, dépendent aussi les formes de vie que nous choisissons ou nous subissons. Pendant des millénaires, le sens du sacré avait inspiré toutes les sphères de la culture humaine, de l'art à la politique, de la mythologie à l'éthique. Illusoire peut-être, mais grandiose. Nos morales sans transcendance peuvent-elles compenser ce retrait du divin ? Le doivent-elles ? Se peut-il que l'occultation des sagesses anciennes soit si grande que la question essentielle entre toutes, celle du sens de sa vie, soit tout simplement devenue dérisoire ? Possible, mais pas certain.

N'aurions-nous vraiment que le choix entre des religions constituées et les psychothérapies ? Ou encore le courage, pour qui refuse les unes et les autres ? Les premières nous offrent volontiers leurs services et reviennent, comme en contrebande, à l'occasion du moindre deuil. Les secondes nous vendent leurs bons offices et nous apprennent à le faire comme il faut, en six phases et psychotropes à l'appui. Est-il vain de souhaiter faire droit sur un autre mode à la demande de sens qui s'impose à nous en ces instants sacrés ? Il vaudrait mieux, à tout le moins, s'en assurer par soi-même plutôt que de fuir des interrogations qui nous rattrapent d'autant plus sûrement que notre vie affective s'est engagée, depuis près de deux siècles, dans une direction bien imprudente...

La sécularisation et l'oubli du sens

L'un des traits les plus singuliers de notre univers sécularisé est que nous y existons en permanence sur le mode du projet. Tout se passe comme si nous ne pouvions vivre sans nous fixer des objectifs à atteindre. Nous n'ignorons certes pas que nos histoires individuelles sont pour une large part façonnées de l'extérieur, qu'elles nous échappent davantage que nous ne les maîtrisons, qu'on « tombe » amoureux plus qu'on ne choisit d'aimer et que nos réussites ou nos échecs professionnels dépendent de notre héritage social et culturel avant de passer par nos talents personnels. Qu'hommage soit ainsi rendu aux sciences humaines ne devrait pas conduire à occulter ce fait fondamental : comme si nous pouvions en quelque façon maîtriser notre destin, accéder, pour ainsi dire, à l'autonomie, nous ne cessons de nous situer par rapport à des fins. De toute nature : professionnelles, culturelles, éducatives, ludiques, esthétiques, politiques, morales, affectives, touristiques... Et lorsque aucune ne s'impose d'évidence, il nous est toujours loisible d'entrer dans le cycle de la consommation, d'aller faire nos courses et de sacrifier un peu à ce *shopping* qui fournit si aisément un but à la moindre de nos promenades.

À l'intérieur de ces petits desseins, qui sont comme

autant de bulles closes sur elles-mêmes, nos actions prennent donc un sens : elles sont tout à la fois orientées dans une certaine direction et animées d'intentions qui leur confèrent, à nos yeux comme à ceux des autres, une certaine signification. Pourtant, la question du sens de ces projets qui donnent sens nous échappe. Dans la vie quotidienne, nous savons sans doute, à chaque instant ou presque, pourquoi il nous faut accomplir telle ou telle tâche supposée « utile », mais l'utilité de cette utilité demeure le plus souvent, lorsqu'il nous arrive d'y réfléchir, opaque ou douteuse [1]. Le « sens du sens » — la signification ultime de toutes ces significations particulières — nous fait défaut. Le plus souvent aussi, cette impression n'a rien que de fugace et il suffit de retourner à ses activités pour s'en déprendre. C'est du reste à un tel retour que le citoyen moderne est sans cesse et de toute part convoqué, sous peine de sombrer dans cette « existence paresseuse » déjà dénoncée par Hegel.

Ces brefs instants de flottement font cependant signe vers un fait bien tangible : après le relatif retrait des religions, après la mort des grandes utopies qui inséraient nos actions dans l'horizon d'un vaste dessein, la question du sens ne trouve plus de lieu où s'exprimer collectivement. Jadis prise en charge par la foi, elle tend aujourd'hui à devenir caduque, pour ne pas dire ridicule. On le ressent avant même de le comprendre par l'intelligence : l'antique interrogation sur le « sens de l'existence » fleure sa métaphysique. Elle semble réservée à un âge de la vie bien particulier, l'adolescence et ses premiers émois, mais, pour la plupart des adultes, elle reste confinée dans l'intimité de la plus stricte sphère privée. Elle ne transparaît guère qu'à l'occasion de circonstances exceptionnelles, deuil ou maladie grave. Encore est-elle alors canalisée

---

1. Heidegger a souvent décrit ces paradoxes de la « quotidienneté » : chaque action, dans le monde du travail moderne, sert à une autre, qui sert à son tour à une troisième, sans qu'un terme ultime vienne jamais donner sens au processus. Lorsque nous sommes pris, sans y penser, dans cette chaîne d'utilités nous « fonctionnons » bien : tout, en somme, tourne rond. Mais il arrive parfois qu'un ennui nous saisisse, qui confine à l'angoisse. Cf., par exemple, *Qu'est-ce que la Métaphysique ?*, in *Questions I*, Gallimard, 1968, p. 56. Le concept de « Nausée » chez Sartre reprend pour une large part cette analyse.

dans le moule étroit des banalités et des formules, justement, de circonstance...

Le citoyen moderne n'en est pas moins frustré. Sans être attiré outre mesure, laïcité oblige, par des motifs religieux ou mystiques, il sent bien qu'il n'est pas sur terre pour procéder indéfiniment à l'achat de voitures ou de magnétoscopes toujours plus performants. L'argent, la notoriété, le pouvoir, la séduction lui apparaissent, certes, comme des valeurs enviables, mais relatives. Il leur en préférerait volontiers d'autres, jugées plus profondes, telles que celles de l'amour ou de l'amitié. Non que les objectifs désignés par les premières soient méprisables, mais quand bien même nous ignorerions tout de la destination de l'homme, a fortiori si nous pensons que la question est dépassée, ils ne paraissent pas pouvoir constituer une fin ultime.

L'hypothèse que je voudrais formuler est que ce sentiment relatif de vide n'a rien d'anecdotique, qu'il est, tout à l'inverse, structurellement lié à l'un des motifs les plus essentiels du monde laïque. Je dis « relatif » parce que j'ai conscience de son caractère fugitif : on peut vivre dans nos sociétés modernes, et malgré tout pas si mal, sans se poser jamais les questions fondamentales que j'évoque ici. On peut même y rencontrer des difficultés matérielles telles qu'elles conduisent, pour un temps au moins, à les reléguer au second plan. Certains les jugeront inutilement pathétiques, d'autres n'y verront qu'un luxe d'intellectuel. Pour les premiers suffit la sentence de Hegel, selon laquelle, lorsqu'on a « trouvé une femme et un métier, on en a fini avec les questions posées par la vie ». Pour les seconds, un bon projet politique nous sortirait d'affaire et viendrait mettre un terme salutaire à un malaise dont l'apparence métaphysique tient à l'absence de solutions concrètes.

Pourtant, je persiste à penser que l'idée, si souvent avancée, d'un vide momentané qu'un nouveau « grand dessein » viendrait bientôt combler, est superficielle. Dire que le marxisme était une religion de salut terrestre n'est sans doute pas faux. Et il est exact que les grandes utopies ont, pendant des décennies, donné du sens à la vie des individus — à ceux qui y croyaient, parce qu'ils y croyaient, comme à ceux qui les combattaient, parce qu'ils les combattaient. Chacun pouvait donc avoir ses objectifs et, par là, situer son action dans un cadre signifiant. Encore faut-il clairement percevoir en quoi les diverses variantes du communisme ne pouvaient offrir de sens qu'en vertu d'une authentique structure religieuse, aujourd'hui révolue : elles impliquaient, même dans leurs versions matérialistes les mieux sécularisées, l'idée d'un « Au-Delà » de la vie présente. Bien plus, elles concevaient cet Au-Delà de façon théologique, à la fois comme supérieur aux individus et inscrit dans un instant salvateur, celui de la révolution — équivalent laïc de la conversion. Elles conféraient une signification globale au projet militant d'un sacrifice de soi au nom d'une cause qui, pour être supposée matérielle, n'en était pas moins transcendante.

Malgré un athéisme de principe, le marxisme a su articuler cette transcendance absolue de l'idéal avec l'intimité ou l'immanence radicale de l'ici-bas. Le militant travaillait certes pour l'avenir, pour les générations futures, pour l'avènement de la société parfaite, du paradis sur terre, mais cette aspiration à l'au-delà s'incarnait dans une série de pratiques concrètes qui prétendaient donner une signification aux moindres détails de la vie terrestre. Par réciproque, les tâches quotidiennes les plus modestes, la vente d'une presse engagée à la sortie d'une usine ou l'organisation d'une réunion, s'enracinaient dans l'horizon immatériel d'un monde meilleur. Religion, *religere*, relier, dit-on souvent, selon une étymologie qui, pour être contestée, n'en est pas moins éloquente : c'est cette liaison de l'ici et de l'ailleurs qui assurait aussi le lien entre les militants. La lecture des journaux était leur prière du matin. Ils pouvaient, quoi qu'il arrivât, y déceler ce fameux « sens de l'histoire » dont leur existence personnelle était, fût-ce à un modeste niveau, partie prenante.

C'est pour une large part dans ce réaménagement séculier du religieux que réside l'extraordinaire pouvoir de fascination qu'exerça durant un siècle et demi le communisme [1]. Comment comprendre autrement que des dizai-

---

1. Cf. François Furet, *Le Passé d'une illusion*, Laffont, 1994.

nes, voire des centaines de millions d'hommes s'y soient jetés à corps perdu ? La religion est irremplaçable comme pourvoyeuse de sens. Et Dieu sait que du sens, il en fallait au lendemain des guerres mondiales. Au point qu'après la deuxième, le marxisme apparut finalement comme la seule doctrine d'envergure capable d'inscrire le non-sens absolu dans une vision optimiste de l'histoire et de faire face ainsi aux deux nouvelles incarnations du Diable : le nazisme et l'impérialisme colonial. Rétrospectivement, on voit mal, en effet, comment un intellectuel eût pu garder encore quelque confiance dans les valeurs de la démocratie libérale et de la « civilisation » européenne en 1945 ! Cela dit non pour légitimer, mais pour tenter de comprendre l'ampleur de l'illusion... et des désillusions qui allaient suivre.

C'est ce rapport au sens, de l'histoire mondiale comme de la vie personnelle, qui s'est évanoui sans que rien ne vienne le remplacer sur ce terrain. Et c'est par la laïcisation de notre univers qu'une doctrine encore en quelque façon religieuse allait s'effondrer en Occident avant que la Perestroïka ne vienne y mettre un terme dans le camp soviétique. Voilà pourquoi la fin du communisme implique un vide plus grand qu'on ne l'a dit, un vide qui ne saurait être comblé par une idéologie de substitution, à moins qu'elle ne possède les mêmes vertus théologiques. Mais c'est là que le bât blesse : les progrès de la laïcité, parallèles à ceux de l'individualisme, font de toute part obstacle au retour des dogmes et des arguments d'autorité. Avec l'effondrement du marxisme, ce ne sont pas seulement les idées politiques ayant animé la vie de millions d'individus qui se trouvent invalidées, mais bien toute vision théologique de la politique. Nous ne traversons pas un passage à vide, un repli provisoire sur la sphère privée, voué à être bientôt relayé par l'émergence d'un nouveau grand dessein, écologique ou autre. Mais de toute évidence, la crise est structurelle, « historiale » si l'on veut, c'est-à-dire liée à l'érosion que l'univers laïc et démocratique fait subir, sans exception, à toutes les formes de religiosité traditionnelles.

Voilà qui explique aussi comment, dans la sphère de la philosophie elle-même, la question du sens de la vie

ait pu disparaître au point que son simple souvenir semble
désuet. Étrange éclipse, en effet, si l'on songe que durant
des millénaires, cette interrogation fut au cœur d'une discipline qui entendait, faut-il le rappeler, conduire les hommes à la « sagesse ». La pensée contemporaine est
devenue scientifique. Mais les savants nous décrivent le
monde *tel qu'il est, non tel qu'il devrait être*. Aucune
sagesse ne se dégage intrinsèquement de leurs travaux.
Du reste, ils n'y prétendent guère, soucieux qu'ils sont
d'établir des faits et des vérités, non de prêcher une idéologie ou une morale, encore moins de dégager une vision
prophétique du monde. L'échec du marxisme, qui fut la
dernière tentative de ce style, nous a vaccinés contre de
tels projets. Dans les lycées ou les universités, la philosophie s'est réduite à une méditation sur les autres branches
du savoir ou, plus simplement encore, à l'enseignement
de sa propre histoire. On y fait découvrir aux étudiants
les grandes doctrines du passé, « de Platon à Freud ». À
l'occasion, on les invite sans doute à pratiquer la « réflexion », à « penser par eux-mêmes », en s'aidant des
œuvres de la tradition comme de tremplins pour leurs propres envolées. Tout cela est conforme à l'individualisme
démocratique, à ses exigences d'autonomie. Mais dans
cet exercice, chacun, au mieux, se forge quelques opinions subjectives. On y acquiert, dans la meilleure hypothèse, un peu de culture, quelques repères intellectuels
et, le cas échéant, un minimum de convictions morales
élémentaires, le plus souvent marquées par l'idéologie
des droits de l'homme. Bagage sans doute sympathique,
mais singulièrement insuffisant au regard de l'idéal inscrit
dans le mot « philosophie » : amour de la sagesse. Cet
amour se développe alors de façon incontrôlée, en marge
des disciplines académiques. Il cherche à trouver sa voie
dans la résurgence d'anciennes formes de spiritualités,
remises au goût du jour et retraduites dans le langage
d'aujourd'hui. Ainsi en va-t-il, depuis plus de vingt ans,
de la redécouverte du bouddhisme en Occident. Mais
cette quête de sens, prise dans la logique de la sécularisation démocratique, se solde souvent par une occultation
plus radicale encore.

Le bouddhisme revisité :
de l'oubli du sens à sa négation

Années soixante : la Californie, révoltée contre une civilisation occidentale qu'elle juge décadente et répressive, redécouvre l'Orient. Les ouvrages d'Allan Watts et de Daisetz Susuki sur le bouddhisme Zen font fureur. Ce n'est pas des plateaux du Tibet, ni même des eaux du Gange que Bouddha nous revient, mais bien de celles du Pacifique. Et comme toujours, l'Europe tout entière emboîte le pas à l'Amérique. Les plus grandes stars du rock s'offrent de prestigieux gourous et le voyage à Katmandou devient le passage obligé de nouveaux rites initiatiques. Loin d'être passée, la mode ne cesse aujourd'hui de s'amplifier, d'autant plus surprenante que les révoltes se sont tues et les utopies contestataires éteintes. On n'en finirait pas de répertorier les livres qui nous suggèrent des exercices de vie, nous invitent à découvrir « la Voie », nous proposent des initiations aux spiritualités orientales, redécouvrent les vertus des médecines douces... Dérisoire et sectaire ? Irrationalisme dangereux pour les principes de la démocratie ?

Une fréquentation précoce des textes de l'antiquité grecque m'a convaincu qu'il est vain de vouloir lire les grandes œuvres de seconde main, de leur adresser naïvement des questions qui sont les nôtres, alors que l'épaisseur de l'histoire nous en sépare de façon irrémédiable. Que peut-on comprendre, vu de San Francisco ou de Paris, aux religions orientales qu'on découvre dans des traductions approximatives, sans le moindre souci des distances historiques et culturelles ? Pourtant, si le phénomène atteint chez nous une telle ampleur, c'est qu'il doit bien en quelque façon nous parler, combler certains vides. À commencer, bien sûr, par celui que laisse l'éclipse de la question du sens. Il le fait cependant d'une bien étrange façon : en contribuant encore, me semble-t-il, à son éradication.

Quel est, en effet, le message essentiel que la plupart des Occidentaux retiennent d'abord du bouddhisme ? André Comte-Sponville, qui s'y est parfois reconnu dans ses premiers livres, l'a formulé en termes concis : à l'encontre d'une idée reçue, ce n'est pas l'espérance, mais, au sens propre, le dés-espoir qui est la condition d'un bonheur authentique. Il suffit, pour s'en persuader, de réfléchir un instant à ceci : espérer, par définition même, c'est n'être pas heureux, mais dans l'attente, le manque, le désir insatisfait et impuissant : « Espérer, c'est désirer sans jouir, sans savoir, sans pouvoir[1]. » Sans jouir, puisque l'on n'espère jamais que ce que l'on n'a pas ; sans savoir, puisque l'espérance implique toujours une certaine dose d'ignorance quant à la réalisation des fins visées ; sans pouvoir, étant donné que nul ne saurait espérer ce dont la réalisation lui appartient pleinement. Non seulement l'espoir nous installe dans une tension négative, mais en outre, il nous fait manquer le présent : préoccupés d'un avenir meilleur, nous en oublions que la seule vie qui vaille d'être vécue, la seule qui, tout simplement, soit, est celle qui se déroule sous nos yeux, ici et maintenant. Comme le dit un proverbe tibétain, c'est l'instant présent et la personne située en face de moi qui, toujours, comptent plus que tous les autres...

Pourquoi faudrait-il, dans ces conditions, « entrer dans l'espérance » ? Il conviendrait plutôt de la fuir comme l'enfer si l'on en croit cet aphorisme hindou du XVe siècle : « Le désespéré est heureux... Car l'espoir est la plus grande douleur, et le désespoir la plus grande béatitude[2]. » Sage est celui qui sait se déprendre du monde et parvenir à l'état de « non-attachement ». S'il subsiste encore un espoir, c'est celui d'accéder un jour, par la patience et l'exercice, à la béatitude du désespoir.

C'est donc dans la réflexion sur la mort et sur le mal sous toutes ses formes qu'il faut situer le sens de cette vie. Écoutons le Dalaï-Lama : « En réfléchissant à la mort et à l'impermanence vous commencerez à donner un sens à votre vie[3] », car seule une telle méditation, si elle est bien conduite, pourra nous aider à nous débarrasser de tous les « attachements[4] » qui nous rendent vulnérables à

---

1. Cf. *Sagesse et désespoir*, in *Une éducation philosophique*, PUF, 1989, p. 352.
2. Cité par Comte-Sponville, *ibid.*, p. 349.
3. *La Voie de la liberté*, Calmann-Lévy, 1995, p. 67.
4. « La pratique bouddhiste nous avise de ne pas ignorer les malheurs mais de les reconnaître et de les affronter en nous y préparant

la souffrance, que ces attachements soient d'ordre matériel ou affectif[1] : « Qui pratique le *dharma* (l'enseignement du Bouddha) pense chaque jour à la mort, réfléchit aux souffrances des humains — les tourments de la naissance, du vieillissement, de la maladie et de la mort. C'est comme mourir mentalement chaque jour. En raison de sa familiarité avec elle, il sera fin prêt quand il finira par la rencontrer[2]. » Outre l'effet bénéfique ainsi produit par cette préparation, les exercices et les pratiques qu'elle implique, nombreux et difficiles, offriront l'intérêt d'assigner une finalité claire à l'existence humaine tout entière : « L'avantage d'être conscient de la mort est de donner un sens à la vie, et goûter son approche fait que l'on meurt sans regret[3]. » Et le Dalaï-Lama y insiste : « En réfléchissant à la mort et en en étant constamment conscient, votre vie prend tout son sens[4]. »

La finalité d'une existence authentique ? Elle réside dans la déconstruction radicale des illusions du Moi : c'est lui, toujours, qui est « attaché ». C'est lui, toujours, qui, égoïste, résiste et se cramponne à ses diverses possessions au lieu de se fondre, comme par anticipation, dans l'esprit universel et impersonnel auquel il se devrait sagement d'appartenir. Car l'illusion de l'attachement, celle qui nous fait « désirer fortement de belles personnes, de

---

d'emblée de façon qu'à l'instant de les expérimenter, la souffrance ne soit pas totalement intolérable... Vous vous efforcerez, en vertu de votre pratique spirituelle, de vous détacher des objets de l'attachement... », *ibid.*, p. 68. D'autres bouddhistes insistent davantage que le Dalaï-Lama sur le fait que la lutte contre l'attachement ne conduit pas au détachement, à l'indifférence, mais à un « non-attachement » qui n'exclut pas la joie de vivre. (Cf. Sogyal Rinpoché, *op. cit.*, p. 63.)

1. « À tant se préoccuper de cette vie, on tend à travailler pour ceux que l'on aime bien — nos proches et nos amis — et on s'efforce à ce qu'ils soient heureux. Si d'autres essaient de leur nuire, on leur colle aussitôt l'étiquette d'ennemis. De la sorte, les illusions tels le désir et la haine croissent comme une rivière en crue d'été » *(ibid.*, p. 68). Seule la vie monastique nous permet d'éviter ces vulnérabilités auxquelles nous exposent inévitablement l'amour et l'amitié *(ibid.*, p. 149, 143).

2. *Ibid.*, p. 69.

3. *Ibid.*, p. 70.

4. *Ibid.*, p. 72. Et encore page 82 : « La conscience de la mort est la pierre angulaire du chemin. Avant cette prise de conscience pleine et entière, toutes les autres pratiques demeurent entravées. »

belles choses ou des expériences agréables[1] » n'est qu'une conséquence de l'illusion première, celle dont dépendent toutes les autres et qui est celle du « Soi[2] ». Dès lors, « l'antidote qui éliminera les illusions est la sagesse réalisant l'absence de soi[3] ».

On mesure ici l'abîme qui sépare la réincarnation bouddhiste de la résurrection chrétienne. L'erreur serait d'imaginer que la première est l'analogue « oriental » de l'immortalité d'une âme personnelle. Elle est son exact opposé : non pas la récompense d'une fidélité au divin, mais le châtiment que le destin réserve à celui qui n'a pas encore atteint l'éveil authentique, à celui dont la vie n'a pas suffi à s'affranchir des illusions du Moi, et qui se voit dès lors condamné à revenir encore dans cet océan de souffrance qu'est la vie prisonnière des cycles de naissance et de mort *(Samsara)*. Une session de rattrapage, en somme, pour que le Moi personnel, qui est tout entier mauvais, reçoive une autre chance de s'abolir enfin au profit de l'esprit, qui est tout entier impersonnel. Pour les Maîtres orientaux, « le sujet n'est pas ce qu'il s'agit de sauver, mais ce dont il faut se sauver[4] ». À l'encontre de l'idée selon laquelle le gouffre entre l'Orient et l'Occident serait insurmontable et les deux cultures à jamais imperméables l'une à l'autre, on retrouve dans notre tradition philosophique plusieurs équivalents de cet éloge du désespoir[5]. Chez les Stoïciens, bien entendu, mais aussi dans la définition spinoziste de la liberté comme « intelligence de la nécessité », ou encore chez Nietzsche, lorsqu'il plaide pour « l'innocence du devenir », en faveur de

---

1. *Ibid.*, p. 143.

2. « De la même manière, nous croyons à tort que le corps et l'esprit possèdent une espèce de soi — de là découlent tous les autres leurres, comme le désir et la colère. En raison de cette attitude égoïste, de cette méprise du soi, on fait la distinction entre nous et les autres. Puis, en fonction de la manière dont les autres nous traitent, nous en aimons certains à qui nous nous attachons, et en considérons d'autres comme plus lointains, en les classant parmi les ennemis. Nous faisons alors l'expérience de la colère et de la haine... » *(Ibid.*, p. 144.)

3. *Ibid.*, p. 148.

4. André Comte-Sponville, *op. cit.*, p. 53.

5. C'est là du reste ce que montrent les livres d'André Comte-Sponville.

cette grâce de l'artiste qui crée sans « mauvaise conscience » ni « ressentiment ».

Leur morale du désespoir est belle. Sans doute apporte-t-elle un précieux réconfort à ceux qui rêveraient d'en terminer une bonne fois avec les angoisses de la finitude. Qui n'aimerait vivre dans la grâce, pouvoir goûter sans réticence ni faux-fuyants la vie de chaque instant, cette vie au présent qu'en effet, les interrogations sur l'avenir ou les nostalgies du passé risquent de gâter à ceux qui vivent dans la dimension du « projet » ? Et pourtant le soupçon s'introduit. On dit parfois du Dieu des chrétiens qu'il est trop beau pour être vrai, qu'il y a, en somme, trop de raisons de l'inventer pour qu'il ne soit pas, justement, une invention. J'aurais plutôt tendance à le penser de cette sagesse trop oublieuse du moi pour être tout à fait honnête [1]. Voici, très simplement, pourquoi.

J'ai beau faire, je ne parviens pas à trouver l'univers si parfait, ni l'ordre cosmique si harmonieux que l'exigence d'y adhérer sans réticence, au point d'aimer toujours le présent, ait quelque signification. L'argument paraîtra trivial, et c'est sans doute vrai, mais il me semble cependant irréfutable : comment recommander la réconciliation avec ce qui est, l'adhésion totale au destin, l'*amor fati*, quand le monde nous offre le visage d'Auschwitz ou du Rwanda ? Pourquoi et pour qui un tel impératif ?

Pour le moine, dira-t-on, qui vit sur ses plateaux, entre ciel et terre. Et l'on nous prescrira sans doute quelque retraite. Mais le moine, où l'on entend *monos*, est celui qui vit seul. Il ne se marie pas, n'a ni famille ni amis. Il ignore, à la différence du Christ même, l'amour humain.

---

1. André Comte-Sponville n'est pas lui-même concerné par les objections qui suivent. Dans *Valeurs et Vérité*, il nous invite justement à distinguer différents ordres du réel, de telle sorte qu'on ne puisse réduire la sphère de la « morale » (de la loi impérative) à celle, spirituelle, de « l'éthique » (qui est amour). Tout le problème, bien sûr, qui est posé par cette juste distinction des ordres, est d'éviter qu'un ordre supérieur fasse apparaître l'inférieur comme « illusoire ». Car on pourrait alors être tenté d'assigner pour but à la philosophie, comme quête de la sagesse, de nous élever au dernier en faisant l'économie des autres. C'est alors, mais alors seulement, qu'une telle mystique de l'amour cesserait d'être humaine et tomberait, me semble-t-il, sous le coup des objections que je formule.

Il veut éradiquer son moi. Soit. Mais nous faisons, pire encore, nous voulons résolument l'inverse. Certaines méthodes diététiques nous proposent tout à la fois de manger et de maigrir. On voudrait de la sorte aimer et ne pas souffrir, prendre ce que notre univers individualiste offre à nos yeux de meilleur, et le corriger de quelques doses de bouddhisme : cela ne se peut, et le bouddhisme, pour qui n'est pas un moine, pour qui, donc, ne le prend pas au sérieux, pourra-t-il jamais être plus qu'une diététique spirituelle [1] ?

Admettons même la vie du moine. Il reste cependant, en quelque façon, un moi. Mais comment un moi pourrait-il déconstruire les illusions du moi ? S'il *veut* le désespoir, n'est-il pas encore en quelque façon dans l'espérance, et s'il *vise* à s'émanciper de tout projet, n'est-il pas encore inscrit dans un projet ? Contradiction performative : le dogmatique a bien pensé, mais il a seulement

---

1. De là aussi l'aura de sympathie qui entoure les formes de spiritualité réputées moins « autoritaires » que celle défendue aujourd'hui par l'Église catholique. Interrogeant le Dalaï-Lama, Jean-Claude Carrière se félicite de découvrir avec lui une vision du monde « qui ne vous demande en rien d'adhérer à un quelconque dogmatisme », même lorsque ses piliers les plus traditionnels et les moins contestables, tels que la notion de réincarnation, sont en jeu : « Voici la réponse que m'a faite le Dalaï-Lama : "Pour nous, Orientaux, la réincarnation est plutôt un fait. Mais si la science nous démontre qu'il n'en est rien et qu'elle n'a aucun fondement, alors nous devons l'abandonner !" Au lieu, là encore, de fournir une réponse à partir de la révélation divine, le bouddhisme laisse la question ouverte, en suspens. Ainsi en est-il de l'existence de Dieu. On ne nie pas son existence, on ne l'affirme pas. On peut l'admettre si cela permet le véritable travail qui consiste à aller chercher la vérité en soi, à faire le chemin soi-même » (*L'Express*, 25 mai 1995). Religion à la carte en somme, dont on me permettra de penser qu'elle s'accorde peut-être mieux à l'esprit du temps, matérialiste et libertaire, qu'aux textes canoniques. On aura notamment quelque peine à saisir comment une doctrine qui entend vous éloigner d'abord et avant tout des illusions du « Soi » pourrait y renvoyer comme au critère ultime de toute vérité. N'importe : c'est bien ainsi que nombre d'Occidentaux la perçoivent et cette perception, quel qu'en soit l'indice de déformation, est à n'en pas douter significative de l'exigence du « penser et vivre par soi-même » si caractéristique des sociétés démocratiques. À cet égard, le bouddhisme à visage humain qu'on nous dépeint volontiers aujourd'hui fait figure d'alternative sympathique aux versions intégristes des religions révélées.

oublié de penser sa propre pensée. Sans cesse le « sage » est hors de lui, sans cesse il décerne des « il faut », retombe dans la critique du présent, veut changer le monde, ne serait-ce qu'en invitant ses disciples au détachement... Selon un paradoxe, en lequel on pourra voir la plus grande profondeur du bouddhisme ou son talon d'Achille, il assigne pour sens à notre vie de parvenir à une vision du monde en laquelle la question du sens disparaisse.

La structure personnelle du sens

Le point mérite réflexion. Que signifie, en effet, le mot sens ? Partons d'une expérience que nous partageons tous : celle qui consiste, justement, à chercher la signification d'un mot que l'on ignore, d'un mot, par exemple, appartenant à une langue étrangère. Curieusement, la formule qui vient à l'esprit est la suivante : « Qu'est-ce que cela *veut* dire ? » Formule étrange, s'il en est, tant on voit mal a priori ce que vient faire ici la *volonté*. Pourquoi, après tout, ne pas se contenter de demander : « Que dit ce mot ? » La question ne suffirait-elle pas à obtenir le renseignement souhaité ? Pourquoi le *vouloir*, c'est-à-dire en l'occurrence, *l'intention d'un sujet*, donc la présence sous-jacente d'une *personne*, d'un *Moi* sont-ils si essentiellement liés à l'idée même d'un sens que nous ne puissions en faire l'économie dans une question pourtant aussi banale ?

La réponse s'impose d'elle-même. Pour qu'un mot, en effet, possède un sens, il faut qu'il fasse signe vers une double extériorité, ou, si l'on veut, une double transcendance : d'une part la transcendance d'un signifié (ou d'un référent, peu importe ici) ; d'autre part celle de l'intention d'un sujet, nécessairement supposé en arrière-fond.

Prenons un exemple : si le panneau indicateur a un « sens », ce n'est pas seulement parce qu'il indique une direction (ce que font aussi, par exemple, les étoiles, sans doute plus belles et pourtant dénuées de sens), mais parce qu'il a été *intentionnellement* créé par quelqu'un (fût-ce un « quelqu'un » anonyme, tel qu'une administration) qui veut communiquer avec nous et nous transmettre certaines informations.

On peut poser l'axiome suivant : n'a pas ou ne fait pas sens tout ce qui n'est pas l'effet d'une volonté, fût-elle inconsciente comme dans un lapsus, tout ce qui n'est pas en quelque façon manifestation d'une subjectivité : ainsi, par exemple, nul ne demandera quel est le « sens » d'un arbre, d'une table ou d'un chien. Mais en revanche, on peut demander quel est le sens (ce que *veut* dire) d'un mot, d'une remarque, d'une attitude, d'une expression du visage, d'une œuvre d'art, ou de tout autre signe en général dont on suppose, à tort ou à raison, qu'il est l'expression d'une quelconque volonté, le signe d'une quelconque personnalité. Voilà pourquoi demander le sens d'une étoile, d'un arbre ou d'un animal serait faire preuve de superstition. Ce serait considérer, comme le faisait Berkeley, que la nature est le langage d'une volonté cachée, celle de Dieu. Voilà pourquoi encore, poser la question du sens du mal n'est possible que dans une perspective où l'on admet la réalité d'un sujet libre, d'une volonté responsable qui en est la source.

Seul l'humanisme s'avère ainsi capable de faire droit à la question du sens là où toutes les formes d'antihumanisme nous invitent à l'abolir au profit d'une reddition à l'être ou à la vie. Car le sens n'existe que dans une relation de personne à personne, que dans le lien qui unit deux volontés, qu'elles soient pensées ou non comme purement humaines. Les cosmologies qui nous appellent à sublimer le moi, à nous élever au-dessus des illusions de la subjectivité afin de nous détacher de nous-mêmes et de nous préparer à la mort assignent ainsi pour seul et unique sens à la vie humaine... de faire en sorte que l'on se débarrasse à jamais de la problématique du sens.

Et c'est en quoi, du reste, elles soulagent, en quoi aussi elles s'accordent si bien au matérialisme contemporain puisqu'elles occultent le paradoxe fondamental de notre situation : en tant qu'humanistes, nous ne pouvons jamais faire tout à fait l'économie de la question du sens, lors même que l'univers du travail et de la consommation qui nous entoure nous y pousserait de toute part. Nous ne cessons de vouloir déchiffrer la signification de ce qui

nous arrive et lorsque le mal frappe, lorsque la mort sur-
vient, dans son absurdité, nous ne pouvons retenir la
question : « Pourquoi ? » Mais en tant qu'humanistes
désillusionnés, laïcs justement, nous ne pouvons y répondre, nous ne disposons plus de ce sujet absolu, proprement divin, qui venait jadis mettre un point final à la série
infinie des interrogations et des significations partielles.
C'est cette contradiction qui constitue, au plus profond,
l'espace de la question du sens dans les sociétés démocratiques. C'est elle que ces nouvelles formes de spiritualité
voudraient aujourd'hui annuler en nous persuadant qu'il
suffit d'aimer le destin, lors même qu'il n'a rien d'aimable. Comme si devait disparaître, après la « mort de
Dieu », jusqu'au pressentiment d'une transcendance. Il se
pourrait pourtant, qu'au lieu de fuir cette contradiction il
nous faille l'approfondir et la penser. Il se pourrait que
toute transcendance n'ait pas disparu au seul profit de
l'ordre cosmique ou de l'individu roi, mais qu'elle se soit
transformée pour s'accorder aux limites que lui impose
désormais l'humanisme moderne.

La fin du théologico-éthique

Depuis Nietzsche, voire avec les « Lumières » déjà et
leur critique de la superstition, nombre d'analyses ont
considéré la naissance de l'univers démocratique comme
l'effet d'une rupture avec la religion. « Mort de Dieu »,
« désenchantement du monde » (Weber, Gauchet), fin du
« théologico-politique » (Carl Schmitt), « sécularisation », « laïcisation » : plus ou moins contrôlées et contro-
versées, ces expressions symbolisent aujourd'hui les
multiples interprétations [1] d'une même réalité : l'avène-

---

1. Impossible de citer ici exhaustivement la liste des ouvrages consacrés à la question. Parmi les livres récents, celui de Marcel Gauchet, *Le
Désenchantement du Monde*, Gallimard, 1984, fait déjà en France figure
de classique. Sur le plan éthique, *Le Crépuscule du devoir* (Gallimard,
1992) de Gilles Lipovetsky ouvre également des perspectives intéressan-
tes. En Allemagne, il faut mentionner le monumental travail de Hans Blu-
menberg : *Die Legitimität der Neuzeit*, Suhrkamp, 1966, qui renouvelle
et approfondit les analyses déjà anciennes, mais remarquables, de Cassirer *(Individu et Cosmos dans la philosophie de la Renaissance*, Minuit,

ment d'un univers laïque au sein duquel la croyance en l'existence d'un Dieu ne structure plus notre espace politique. Non qu'une telle croyance, comme le souligne Gauchet, ait disparu. Mais elle est devenue, pour la majorité d'entre nous, une affaire personnelle, relevant de la sphère privée — la sphère publique étant tenue d'observer à cet égard une stricte neutralité.

Pour la majorité d'entre nous, donc, la loi morale a perdu, après la loi juridique, son caractère sacré ou, tout au moins, son lien avec des sources religieuses révélées. Comme le reste de la culture moderne dont elle participe, elle est « à l'échelle humaine ». La fin du théologico-éthique — cette éclipse de la théologie morale que Jean-Paul II ne cesse de dénoncer — nous fait ainsi entrer dans un cercle dont il est difficile, voire impossible de s'abstraire : les questions existentielles dont les réponses allaient plus ou moins de soi dans un univers traditionnel, surgissent avec une acuité inédite dans des sociétés démocratiques où elles sont prises dans le tourbillon infini de l'autonomie. Le mariage, l'éducation des enfants, la fidélité, le rapport à l'argent, au corps, les interrogations soulevées par l'évolution des sciences et des techniques ne sont plus régis par des règles aisément identifiables. À vrai dire, plus ces questions se posent, moins il nous est aisé d'y répondre de façon collective, démunis que nous sommes a priori de tout critère préétabli ; et, par le fait même, plus ces critères s'estompent en même temps que s'estompe le monde de la tradition et de la théologie morale, plus nombreux sont les aspects de la vie qui entrent dans le champ de l'interrogation individuelle.

Voici donc l'éthique fondée sur l'homme. L'avènement de l'humanisme moderne signifie-t-il que nous en ayons fini avec toute forme de spiritualité ? Pour la plupart d'entre nous, athées ou agnostiques, partisans d'une stricte laïcité, la réponse obligée est oui. L'idée s'est imposée que les grandes éthiques laïques, nées au XVIIIe siècle, le cas échéant réactualisées et appliquées aux questions qui

1983). Sur les arrière-plans religieux du monde laïque, citons aussi H.R. Trevor-Roper, *De la Réforme aux Lumières*, traduction Gallimard, Paris, 1972, et, bien sûr, Karl Barth, *La Théologie protestante au XIXe siècle* (1946), trad. Labor et Fides, Genève, 1969.

sont aujourd'hui les nôtres, *suffisent*. Le républicanisme kantien, par exemple, s'est prolongé par le souci de perfectionner une « éthique de la discussion » (Habermas), d'intégrer un « principe de responsabilité » (Jonas, Apel), et l'utilitarisme anglais fait maintenant, pour opérer son fameux « calcul des plaisirs et des peines », appel à des modèles mathématiques. Mais quant au fond, ces grandes visions morales du monde sous-tendent encore nos systèmes juridiques. En songeant aux Anciens, ou même aux croyants d'aujourd'hui, nous avons spontanément tendance à situer leurs valeurs parmi les inévitables « survivances » des traditions passées. Nous nous disons à peu près ceci : « Ils avaient la religion (ou la cosmologie), nous avons la morale. » Et cela, en effet, nous suffit pour savoir comment nous comporter dans la vie de tous les jours. Point besoin de religion pour être honnête ou charitable. Point besoin de croire en Dieu pour faire son « devoir ». Bien plus : le combat pour la laïcité vaut encore, ô combien à juste titre, pour une priorité. Et dans le cas de l'islam, il passe bel et bien par la critique d'une théologie qui semble incapable de penser sa propre séparation d'avec la politique. Notre fibre républicaine, pour ne pas dire anticléricale, trouve donc encore assez à s'animer pour que nous soyons attentifs aux bienfaits d'une « sortie de la religion ». Le seul nom de Salman Rushdie suffirait à nous le rappeler.

La cause est entendue. Mais elle n'est pas, ici, en question. Ce qui l'est en revanche, c'est le dessein qu'auraient les morales laïques venues à maturité d'en finir avec la problématique de la transcendance. Sur deux aspects décisifs au moins, elles me semblent incapables d'en faire tout à fait l'économie.

Il est clair, d'abord, que l'exigence du « souci de l'autre » et même, le cas échéant, d'un « don de soi » n'a pas disparu des grandes éthiques laïques. Qu'elles prescrivent de lutter contre l'égoïsme au nom d'une action désintéressée ou de préférer le bonheur du plus grand nombre à celui d'un seul, nos morales modernes affichent des idéaux qui se veulent en quelque façon *supérieurs à la vie*. C'est là, comme s'en irritait déjà Nietzsche, le critère le plus certain d'une pensée encore « religieuse ». Suppo-

ser que certaines valeurs transcendent la vie elle-même,
c'est en effet reconduire, fût-ce sur le terrain de
l'athéisme, la structure sans doute la plus essentielle de
toute théologie : celle de l'ici-bas et de l'au-delà. Or de
ce dualisme, les morales humanistes ne font guère leur
deuil. Vaut-il mieux être « rouge que mort », collabora-
teur que prisonnier d'un camp, pacifiste munichois que
résolu à une guerre juste ? Ces questions, et quelques
autres du même ordre, ne cessent de hanter la conscience
moderne. Que la lâcheté l'emporte souvent dans nos comportements politiques ou personnels ne change rien à l'affaire. Ces interrogations continuent de tracer pour nous,
sans même que nous ayons besoin d'y réfléchir, la limite
entre le bien et le mal. Et si notre engagement se trouve
être sollicité de façon plus charnelle, moins formelle,
parce que la vie de nos proches se trouverait mise en jeu,
nous percevons combien l'idée du risque de la mort est
loin d'avoir disparu du champ de nos préoccupations
morales — alors qu'elle le devrait, en toute rigueur, si
l'humanisme avait, comme le voulait Nietzsche, poussé
les conséquences d'une déconstruction rigoureuse de la
religion jusqu'à leur terme ultime. S'il se confondait avec
une apologie des forces vitales, avec une anthropologie
individualiste du seul « souci de soi ».

À cette étrange persistance de la transcendance, d'un
au-delà semble-t-il introuvable, s'ajoute le pressentiment
que la morale, même la plus parfaite, en vérité ne « suffit
pas ». S'il s'agit avant tout de « bien se comporter », de
choisir de « bonnes » règles de conduite, de les appliquer
correctement aux cas particuliers... et de les respecter,
rien n'interdit d'imaginer que des logiciels kantiens ou
utilitaristes puissent nous indiquer sans erreur quelles
sont, dans chaque cas, les décisions qui s'imposent. Nul
hasard, du reste, si les modernes théories de la justice
mobilisent de plus en plus aujourd'hui une réflexion
logico-mathématique sur les « choix rationnels [1] ». En
bonne logique, en effet, tout individu qui accepte les principes universalistes des éthiques modernes sait bien que
les décisions ne s'imposent pas à lui en nombre infini et

---

1. Je pense à la façon dont John Rawls présente comme une nécessité le choix de ses deux principes de justice.

qu'elles ne sont pas non plus tout à fait arbitraires. Tant s'en faut. Impossible, par exemple, d'être à la fois partisan des droits de l'homme et raciste. Impossible, encore, d'accepter, dans cette optique, une différence de statut entre les hommes et les femmes, de considérer que son intérêt personnel passe a priori avant celui des autres, etc.

On pourrait donc concevoir un automate moral, un robot qui se conduirait en toute hypothèse comme il convient[1]. Il est clair, cependant, que ce n'est pas avec lui que nous choisirions de passer notre vie. Et ce (entre autres) pour une raison évidente : c'est que le respect des règles, pour excellent qu'il soit, ne possède *en tant que tel aucun caractère humain, donc aucun sens*, si l'on admet que le « vouloir dire » (comme on l'entend dans l'expression « qu'est-ce que cela *veut* dire ? ») est le propre d'un *sujet*. La morale est utile et même nécessaire : mais elle demeure dans l'ordre négatif de l'interdit. Si les éthiques laïques, même les plus sophistiquées et les plus parfaites, devaient constituer l'horizon ultime de notre existence, il nous manquerait encore quelque chose, à vrai dire l'essentiel. Et ce quelque chose, bien sûr, c'est l'expérience de ces valeurs que les communautariens disent « charnelles » ou « substantielles » qui nous le dévoile au mieux[2]. À commencer par la plus haute d'entre elles : l'amour (des individus comme des communautés d'appartenance).

Le respect des formes et des procédures démocratiques fonde l'État de droit. Il constitue sans doute, dans l'ordre moral et politique, la valeur suprême, l'indispensable garde-fou. Mais si l'on devait s'en tenir là, en rester à une morale de la loi — et toute morale moderne s'y réduit — la politique elle-même ne vaudrait pas une heure de peine. Ce que, sans doute, voulait dire Camus lorsqu'il déclarait préférer sa mère à la justice. Ce qu'André Comte-Sponville, encore, développe dans son *Petit traité des grandes vertus*, renouant ainsi avec la longue tradition que l'on sait : si nous avions l'amour, nous n'aurions que faire de la morale ! Pourvu qu'il soit authentique, bien

---

1. Cf. André Comte-Sponville, *Le capitalisme est-il moral ?*, in *Valeurs et Vérité. Études Cyniques*, PUF, 1994.

2. Cf. Charles Taylor, *Le Malaise de la modernité*, Cerf, 1994.

sûr, ce qui reste à penser, il rendrait superflu tout impératif catégorique, toute forme d'incitation au respect de
l'autre, d'interdit pesant sur l'égoïsme, d'injonction à
l'oubli de soi. Inutile, en règle générale, de dire à une
mère qu'elle doit nourrir son enfant...

Or c'est bien là, à nouveau, d'une transcendance qu'il
s'agit. Non plus celle du Dieu qui s'impose à nous de
l'extérieur. Pas même celle des valeurs formelles, qui
pourtant nous paraissent déjà, de façon énigmatique,
dépasser l'immanence égoïste à soi, mais d'une transcendance qui se situe par-delà le bien et le mal. Parce qu'elle
est de l'ordre du sens, et non plus du seul respect de la
loi.

Il faut donc écarter le malentendu selon lequel la
modernité, réduite à une « métaphysique de la subjectivité », résiderait dans l'équation : toute-puissance de l'ego
= individualisme narcissique = fin de la spiritualité et de
la transcendance au profit de l'immersion totale dans un
monde de la technique, anthropocentriste et matérialiste.

Il se pourrait bien, au rebours exact de ces poncifs ordi-
naires des idéologies antimodernes, que l'humanisme,
loin d'abolir la spiritualité, fût-ce au profit de l'éthique,
nous donne au contraire accès, pour la première fois dans
l'histoire, à une spiritualité authentique, débarrassée de
ses oripeaux théologiques, enracinée dans l'homme et
non dans une représentation dogmatique de la divinité.
Ce qui est proprement inédit, dans l'humanisme, ce n'est
pas les valeurs qu'il promeut : nul besoin d'attendre Kant
et Bentham pour apprendre qu'il ne faut pas mentir, vio-
ler, trahir, ou rechercher systématiquement le mal pour
ses voisins. Les valeurs fondamentales des Modernes,
quoi qu'on en dise ici ou là, n'ont à vrai dire rien d'original... ni de très moderne. Ce qui est neuf, en revanche,
c'est le fait qu'elles soient pensées à partir de l'homme
et non déduites d'une révélation qui le précède et l'en-
globe. Ce qui est nouveau, sans doute, c'est que la transcendance indéfinissable dont elles portent témoignage se
découvre, elle aussi, au cœur de l'être humain et qu'elle
puisse ainsi s'accorder au principe des principes constitutifs de l'humanisme moderne : celui du rejet des arguments d'autorité.

Refus des arguments d'autorité ou rejet de la transcendance ?

L'idée qu'ils devraient accepter une opinion parce qu'elle serait celle des autorités, quelles qu'elles soient, répugne si essentiellement aux Modernes qu'elle en vient à les définir comme tels. Certes, il nous arrive parfois d'accorder notre confiance à une personne ou une institution, mais ce geste lui-même a cessé d'avoir son sens traditionnel : si j'accepte de suivre le jugement d'autrui, c'est en principe parce que je me suis forgé de « bonnes » raisons de le faire, non parce que cette autorité s'imposerait à moi de l'extérieur sans reconnaissance préalable émanant de ma conviction intime et, si possible, réfléchie.

On objectera que la réalité est bien loin de correspondre à un tel principe, que les individus suivent encore des modes ou des *leaders*, et l'on aura raison. Reste que c'est sur cette nouvelle conception d'une légitimité qui s'enracinerait dans la conscience de chacun, et non dans la tradition héritée ou la fascination charismatique, que prétend reposer l'univers démocratique, tant sur le plan politique qu'intellectuel et scientifique. Et c'est justement au nom d'une telle légitimité que l'aliénation à des *Führer* est sans cesse pourchassée par ceux qui se réclament de ses idéaux.

Ce geste inaugural, les *Méditations* de Descartes l'ont consacré dans la philosophie avant qu'il ne soit répété dans les faits, un siècle et demi plus tard, par la Révolution française : s'il faut faire table rase du passé et soumettre au doute le plus rigoureux les opinions, croyances et préjugés qui n'auraient pas été passés au crible de l'examen critique, c'est parce qu'il convient de n'admettre en sa créance que ce dont nous pouvons être certains par nous-mêmes. De là aussi la nature nouvelle, fondée dans la conscience individuelle et non plus dans la tradition, de l'unique certitude qui s'impose avant toutes les autres : celle du sujet dans son rapport à lui-même. Il se peut bien que toutes mes opinions soient fausses, il se peut bien qu'un Dieu trompeur ou un malin génie s'amusent à m'illusionner sur toute chose. L'une, au moins, est certaine : c'est que je dois bien exister pour qu'il me trompe. Le modèle de toute vérité se situe ainsi dans la certitude absolue de la présence à soi de soi-même.

Les croyants ont parfois tendance à décrire le monde moderne comme un monde d'où l'expérience vécue aurait été bannie ou dévalorisée au profit de cette froide raison qui triomphe dans les sphères matérialistes de la science et de la production mercantile. Pourtant, le principe rationaliste du rejet de l'argument d'autorité est inséparable d'une véritable sacralisation de l'expérience vécue : c'est justement parce que la religion prétend s'imposer à moi sous la forme d'une autorité extérieure, texte « révélé » ou dignitaire clérical, c'est-à-dire sur un mode qui semble s'opposer à l'épreuve de ma conscience intime, qu'elle doit être soumise à la critique. C'est là, comme on sait, le sort que lui réserveront la plupart des philosophes du XVIIIe siècle, en cela fidèles à la liberté d'esprit cartésienne.

Il est donc superficiel d'opposer l'expérience vécue, « riche et sensible », à l'expérimentation scientifique ou au raisonnement logique, « intellectuels et secs ». Dans l'optique moderne d'un rejet des arguments d'autorité, toutes les sphères où se forme une croyance sont également soumises au principe de la présence à soi, qu'elles soient spirituelles, éthiques, esthétiques ou, bien sûr, scientifiques : ai-je bien vu ce que je crois avoir vu, ne me suis-je pas trompé, n'ai-je pas été abusé par mes sens ou par quelque artifice illusoire qui m'aurait échappé ? Auquel cas l'expérience que je croyais avoir vécue ne serait pas réellement *mienne* puisque j'aurais été, sans m'en rendre compte, à l'écart de moi-même, littéralement, hors de moi ou à côté de moi. Ai-je bien enchaîné les raisons qui me conduisent à admettre telle ou telle conclusion ? Car s'il y avait quelque pétition de principe, quelque faute logique, il y aurait comme un saut, une extériorité entre moi et ma conclusion qui, dès lors, ne serait plus réellement *mienne*. Ai-je bien conduit l'expérimentation à laquelle je me livrais, bien « isolé les variables », correctement formulé mes hypothèses, faute de quoi les conclusions m'échapperont à nouveau et j'atteindrai les nuées de l'erreur plutôt que le ciel de la vérité scientifique ? Tel est le genre d'interrogation par lequel le travail de cette raison qu'on dit froide et désincarnée est sans cesse rapporté à une subjectivité concrète et passionnée.

Orgueil de l'*Ego* moderne, qui veut tout faire entrer en lui, annuler toute dépendance à l'égard d'un extérieur dont pourtant, d'évidence, il dépend de toute part ? N'est-il pas né sur terre d'ailleurs que de lui-même ? N'est-il pas plongé dès son enfance dans une langue, une culture, un milieu social et familial auxquels il appartient plus qu'ils ne lui appartiennent ? Et cette finitude inaugurale, ne se retrouve-t-elle pas jusque dans son inévitable destin de mortel qui ne maîtrise ni l'heure ni le lieu de sa propre disparition ? Dans ces questions, autour desquelles s'opposeront romantiques et partisans des Lumières, gît une équivoque : il n'y a pas antinomie entre la revendication d'autonomie qui anime les Modernes et la persistance de certaines formes d'hétéronomie, voire de dépendance radicale. Tout au contraire, le principe moderne implique l'émergence de figures inédites de l'hétéronomie. Seulement, cette hétéronomie est réaménagée, puisqu'il faut l'articuler avec les exigences nouvelles de l'individu.

Ne confondons pas l'idéal d'autonomie avec l'affirmation métaphysique absurde de l'autosuffisance du Moi absolu. On ferait tout simplement fausse route. Présence à soi et maîtrise de soi, entendues comme des principes antiautoritaires, ne signifient pas que tout lien à l'égard d'une extériorité soit annulé ou contesté. Le doute cartésien lui-même, qui porte sur les préjugés hérités, n'implique pas que toute tradition soit, en tant que telle, à rejeter. Il exige plutôt que la tradition devienne *en quelque façon mienne*, et que, pour ce faire, je la soumette à l'examen. On pourrait dire, d'une façon encore approximative, que la transcendance passe ainsi de l'ordre de l'*avant* ma conscience à celui de l'*après*. Dépendance radicale, transcendance absolue peut-être, mais d'abord et avant tout ancrées dans ma certitude et mon expérience réelles, dans l'indépendance du soi et l'immanence à soi.

Allons plus loin : le principe moderne du refus des arguments d'autorité annule si peu la dépendance à l'égard de l'altérité qu'il l'affirme même plus que tout autre. La question du statut du sens, de la spiritualité dans un monde laïque, se joue ici : comment, pour employer le langage de la phénoménologie, penser « la transcendance dans l'immanence à soi » ?

La transcendance dans l'immanence

Dans *L'Idée de la phénoménologie*, Husserl assignait à la « science rigoureuse », qu'il entendait fonder, la tâche de lever une contradiction classique depuis Descartes dans la philosophie moderne : d'un côté, du point de vue du sujet qui ne peut tenir pour absolument certaines que les données immédiates de sa conscience, le rapport au monde ne va pas de soi. On connaît le vieil argument du rêve, qui nous fait croire en l'existence d'objets sans autre réalité que celle de notre conscience. Toute « transcendance » est donc problématique[1]. D'où la tentation de l'idéalisme qui nie l'existence du monde matériel et réduit l'être à la représentation. Pourtant, je ne puis faire abstraction du fait que mes contenus de conscience se rapportent, du sein même de mon for intérieur, à des objets qui semblent bien extérieurs à moi[2]. Lorsque j'ouvre les yeux sur le monde, il m'apparaît de manière indiscutable comme non créé par ma propre conscience. J'ai donc, en moi (immanence), le sentiment contraignant du « hors de moi » (transcendance).

À première vue, le problème semble quelque peu scolastique. Mais face à cette question « technique » en apparence, la phénoménologie développe une thèse dont la portée dépasse de très loin le cadre étroit d'une philoso-

---

1. En toute rigueur, en effet, la « position d'un "être non immanent", d'un être contenu dans le phénomène, quoique visée en lui... est mise hors circuit, c'est-à-dire suspendue ». Telle est la nouvelle formulation du doute cartésien : ce qui est absolument certain, c'est que j'ai, de fait, en moi-même, des états de conscience et que ces états de conscience possèdent tel ou tel contenu. Quant à savoir si ces contenus sont « vrais », s'ils renvoient à une réalité extérieure transcendant ma représentation, cela reste, pour l'instant, problématique.

2. « ... ce rapport à l'objet transcendant, même si je mets l'être de ce dernier en question, est pourtant quelque chose qui peut être saisi dans le phénomène pur. Le se-rapporter-à-l'objet transcendant, viser cet objet de telle ou telle manière, est manifestement un caractère interne du phénomène » (p. 71).

phie de professeur. Elle entend montrer que mes contenus de conscience, en un paradoxe qui fait tout son objet, *contiennent plus que ce qu'ils contiennent effectivement*, qu'il y a pour ainsi dire une part d'invisible dans tout ce qui est visible, une absence au cœur de toute présence. Sans avoir recours à un raisonnement d'ordre intellectuel, je ne cesse de « percevoir » certaines structures qui ne seraient pourtant pas, au sens propre, *effectivement* données dans ma conscience si celle-ci était un pur miroir objectif, un simple appareil à enregistrer (caméra ou magnétophone). Pour évoquer un exemple fameux, lorsque je dis que je « vois » un cube, je n'aperçois jamais en vérité que trois faces de celui-ci. Ce qui est, au sens strict, « effectivement immanent » en moi, ce sont ces trois faces, non le cube comme tel, dont les six faces, qui ne peuvent être vues « d'un seul coup », transcendent toujours ce qui est réellement donné dans ma représentation subjective. Et pourtant, cette transcendance est bien, en un autre sens, aussi « en moi » : je n'ai besoin d'aucune démonstration pour « savoir » que j'ai en face de moi un cube. Nul ne dira : « je vois là trois carrés, et j'en déduis que je dois avoir affaire à un cube... » Il n'est donc pas faux d'affirmer que ma perception contient « plus que ce qu'elle contient[1] ». Autre exemple : lorsque j'entends une phrase musicale, elle ne se réduit pas à une série de notes isolées, sans lien entre elles (immanence effective). Elle constitue au contraire, et ce de façon immédiate, sans opération rationnelle, une certaine structure qui transcende l'immanence effective, sans pour autant s'imposer à moi de l'extérieur sur le mode d'un argument d'autorité.

Cette « transcendance immanente » recèle, par excellence, la signification ultime des expériences vécues : la phrase musicale n'aurait aucun sens si je n'y percevais (ce que je devrais faire si j'étais pur magnétophone) qu'une suite de notes séparées les unes des autres comme des atomes. Il doit donc être possible de penser et de décrire la transcendance sans quitter la sphère de l'immanence. Pour n'être pas démonstrative, ni posséder

---

1. D'où la distinction proposée par Husserl entre « l'immanence effective » et une « immanence authentique » qui comprend, par rapport à la première, une certaine dose de transcendance.

l'exactitude des sciences mathématico-physiques, la phénoménologie n'en sera pas moins une discipline « rigoureuse » dans la description des contraintes objectives qui s'imposent à nous. On pressent qu'une telle démarche sera d'une grande complexité, mais aussi d'une extrême diversité puisque « l'excès » caractérisant les formes de transcendances situées pour ainsi dire « en nous » peut appartenir à tous les domaines de l'esprit, de l'esthétique à la science en passant par l'éthique ou la religion.

Sans entrer plus avant dans la particularité de ce travail, on comprend d'emblée comment il pourrait répondre aux exigences d'une pensée moderne de la transcendance : cette dernière est donnée, hors de tout argument d'autorité, dans l'immanence au vécu subjectif et *à partir de lui*, pour ainsi dire, donc, comme son « aval », et non plus comme ce qui s'impose à lui en venant de l'amont. C'est suggérer aussi que la révélation, si révélation il y a[1], doit être réinterprétée dans cette perspective d'un nouveau rapport, non traditionnel, à l'individu. De Dieu, le phénoménologue ne nous dira pas qu'il nous commande, au nom d'une tradition imposée, de suivre telle ou telle loi, de réaliser telle ou telle fin, mais plutôt qu'il « nous vient à l'idée » et ce, à travers le visage de notre prochain, de l'autre homme[2]. Selon l'intuition profonde de Rousseau et de Fichte, le visage humain est immédiatement, avant tout raisonnement, hors de toute démonstration, porteur d'un sens qui me dépasse et m'appelle[3]. Et c'est de cet

---

1. Cf. sur ce point l'ouvrage collectif intitulé *Phénoménologie et théologie*, Critérion, 1992, et en particulier l'article de Jean-Luc Marion intitulé « Le phénomène saturé ».

2. « Pour solliciter une pensée qui pense plus qu'elle ne pense, l'Infini ne peut s'incarner dans un Désirable, ne peut, infini, s'enfermer dans une fin. Il sollicite à travers un visage. Un Tu s'insère entre le Je et le Il absolu », Emmanuel Levinas, *Entre nous. Essais sur le penser-à-l'autre*, Grasset, 1991, p. 69.

3. Que Levinas n'ait guère souhaité s'expliquer sur le statut philosophique de ses propres croyances, qu'il ait voulu en faire une affaire privée et que par là, peut-être, il demeure dans un cadre traditionnel, ne change rien au fait que sa pensée, inspirée par la phénoménologie, puisse nous inciter à inscrire la représentation du sacré dans une perspective humaniste. Il est étrange, dans ces conditions, que la phénoménologie serve si souvent — notamment dans le glissement qui va de Husserl à Heidegger — à réintroduire des attitudes et des contenus

appel, qui commande une réponse, une responsabilité, que surgit l'éthique. Une phénoménologie de la transcendance pourrait ainsi dessiner l'espace d'une « spiritualité laïque » : c'est à partir de l'humain comme tel et de son propre sein que se dévoile une certaine idée du sacré.

Il faut tenter ainsi de cerner la réalité factuelle des formes de « dépendance » ou de transcendance que le principe moderne du refus des arguments d'autorités ne nous interdit pas de reconnaître mais nous invite au contraire à penser en termes neufs.

Le poids du passé, la naissance de la conscience historique et la découverte de l'inconscient

La sociologie, la psychanalyse, l'histoire ne cessent d'y revenir. C'est même là leur véritable objet : nous sommes tous, en quelque façon qu'on l'entende, des « héritiers ». Et ceux qui cèdent aux illusions individualistes de la « table rase », depuis les cartésiens hyperboliques jusqu'aux révolutionnaires français qui prétendaient reconstruire le monde politique à partir de l'an I, payent au prix le plus fort le retour de ce refoulé. Mais il serait erroné de penser, comme le font les traditionalistes, que les illusions métaphysiques d'un sujet auto-fondé soient en accord avec le principe moderne. Elles vont plutôt à son encontre : la modernité ne consiste pas, en effet, à récuser le poids de l'historicité, mais à penser cette historicité sur un mode nouveau, qui n'est plus celui de la tradition imposée, mais celui d'une raison qui conduit d'elle-même à poser qu'il y a nécessairement, hors d'elle, de l'irrationnel.

Arrêtons-nous un instant à ce constat : le principe de raison affirme plus radicalement que jamais la dépendance des hommes à l'égard de ce qui les précède, les entoure et les suit. « Rien n'est sans raison. » La formule pourrait s'entendre, mais à tort : tout est rationnel et, dès lors, le sujet qui se livre à l'activité scientifique pourra maîtriser le monde, se l'incorporer pour ainsi dire en

---

traditionnels au lieu d'approfondir l'extraordinaire potentiel de modernité qui est à l'origine le sien.

esprit, par un processus de domination dans lequel les traditionalistes voient le caractère le plus sûrement néfaste de la modernité. Mais ce même principe peut aussi se lire, et à meilleur droit, sur un tout autre mode : il signifie alors que ma vie présente m'échappe à tout jamais, que la chaîne des raisons qui me relie au passé est infinie, tant dans l'ordre collectif (histoire et sociologie) que dans l'ordre individuel (psychanalyse). Je puis, certes, travailler à surmonter autant qu'il est possible cette dépendance, mais il faut que j'accepte son caractère interminable, l'impossibilité de mener cette volonté de maîtrise à son terme. De là le sentiment que la tâche des sciences, à l'inverse de ce que pensaient les Anciens, ne saurait jamais être achevée. Comme Kant, déjà, l'avait vu, le principe de raison se retourne en son contraire : affirmant le caractère indéfini de la série des effets et des causes, il nous invite à accepter l'idée que « le bout de la chaîne » nous échappe à jamais et qu'il est, par là même, rationnel de supposer de l'irrationnel.

Pour n'être plus traditionnel, vécu sur le mode de la révélation, notre rapport au passé n'en est donc pas moins, à certains égards, hétéronome. Ce qu'introduit le principe de raison, ce n'est pas l'abolition de l'historicité, l'éradication du passé, mais le fait qu'ils sont reliés à moi d'une façon bien spécifique, davantage construite par ma raison que donnée du dehors. Je puis ainsi accepter ma dépendance, je puis reconnaître cette transcendance *de mon propre chef*, dans cette immanence à soi en l'absence de laquelle je céderais à nouveau aux facilités du principe d'autorité. Découverte de l'inconscient social et individuel, donc, mais qui n'a rien à voir avec la réintroduction d'un principe traditionaliste [1] au sein de la modernité, seulement avec sa reformulation en termes qui conviennent à la conscience moderne.

Ce n'est pas par un mystérieux basculement [2] de la

---

1. La thèse classique selon laquelle les sciences sociales dériveraient du romantisme pourrait être réaménagée dans cette optique.

2. Rien d'étonnant, donc, au fait que ce soit un cartésien, Leibniz, qui soit tout à la fois le premier penseur du principe de raison et le premier théoricien de l'inconscient. Rien de surprenant non plus, dans ces conditions, au fait que Leibniz pense à la fois, à partir du principe de raison, le modèle de « l'inconscient social » que lui reprendront

transcendance du divin à l'intérieur du Soi qu'apparaît l'idée d'inconscient, mais parce que, à partir du principe de raison, elle devient pour le Moi, même pour celui qui tiendrait le plus à l'illusion de son autosuffisance, une conclusion inévitable. L'opposition scolaire des figures de Freud et de Descartes est simpliste. Il faudrait plutôt

---

Mandeville et les penseurs libéraux de la « main invisible », et celui de l'inconscient individuel (des « petites différences »). Je suis, on l'aura compris, du nombre de ceux qui pensent que le livre de Marcel Gauchet, *Le Désenchantement du monde*, est l'un des plus importants publiés en France au cours des dix dernières années. C'est en raison de cette conviction que je me permets d'attirer l'attention de son auteur sur une difficulté, à mes yeux essentielle, qui n'est pas sans conséquence sur ses travaux consacrés à l'histoire de l'inconscient et, au-delà, de la subjectivité moderne en général. Je ne pense pas, en effet, que l'on puisse, ainsi que le suggère parfois Gauchet, opposer trois temporalités politiques comme si elles se succédaient dans l'histoire au point de définir de grandes époques : celle du passé (tradition ou religion), celle du présent (qui caractériserait les théories du contrat social, encore liées à l'absolutisme), celle de l'avenir, inaugurée par Constant et les théoriciens libéraux de la main invisible ou de la ruse de la raison. Je vois bien comment cette tripartition permet de fonder une histoire de la subjectivité, et, en particulier, des figures sociales et individuelles de l'inconscient. Il est clair, en effet, qu'avec les théories libérales du marché, une certaine pensée de la tradition, donc de l'inconscient social, voire individuel, est opposée aux illusions de l'individualisme hérité des Lumières. Mais cette périodisation se heurte à un *fait*, tout à la fois historique et philosophique : c'est dès le XVIIe siècle, avec Leibniz, qu'apparaît la structure de la « main invisible », comme celle de l'inconscient individuel, qui sera reprise au début du XVIIIe par Mandeville, donc bien avant le choc de la Révolution française. Et ce pour une raison de fond : dès Leibniz, en effet, les deux visages de la subjectivité moderne sont posés *d'un seul et même mouvement*. Celui de la raison et celui de la volonté. C'était là l'objet de mon ouvrage consacré au *système des philosophies de l'histoire*. Les théories « volontaristes », révolutionnaires, de la société comme du sujet, sont contemporaines (et non antérieures) de celles de la « ruse de la raison ». Voilà du reste pourquoi le conflit entre le volontarisme et le libéralisme politique ne cessera jamais, jusque dans la social-démocratie contemporaine (cf. le conflit entre « blanquisme » et « révisionnisme »), de marquer notre vie politique. Voilà aussi pourquoi l'hypothèse de l'inconscient hantera, dès le XVIIe siècle, toute la philosophie moderne (Kant marquant même, dans la pensée d'un sujet « clivé », une étape assez importante pour être remarquée par des auteurs aussi peu suspects de sympathie pour cette tradition que Lacan). Au reste, la conception leibnizienne des « petites perceptions inconscientes » sera à l'origine de tout un courant de la psychologie scientifique, et non seulement « philosophique » : celui qui s'intéressera, par exemple avec Max Wundt, à la question cruciale des « seuils de perception ».

distinguer deux pensées différentes de l'inconscient. L'une, traditionnelle, le situe dans le passé immémorial d'une révélation qu'on suppose à l'origine de toute histoire. L'autre, moderne, l'induit du principe de raison. La théorie freudienne du lapsus nous en fournit l'exemple matriciel : l'acte manqué est d'abord et avant tout *l'effet* d'une raison qui m'échappe. Et le fait que cette raison soit souvent déraisonnable, passionnelle et pulsionnelle (« dynamique »), ne change rien à la rationalité fondamentale de la démarche analytique. Paradoxe de la raison, que Kant décrira si bien dans les antinomies où la folie métaphysique nous entraîne : elle est à la fois projet de maîtrise de soi et du monde et, tout autant, affirmation de la dépossession la plus radicale qui soit, celle de notre insondable lien au passé.

À cette première ouverture intellectuelle, où viennent s'engouffrer les sciences humaines, en répond une autre, plus profonde encore, sur le plan éthique.

De l'amont à l'aval : la transcendance dans les limites de l'humanisme

Non seulement je suis plongé dès l'origine de ma vie dans un monde que je n'ai ni voulu ni créé, mais, en outre, m'échappe le sens de ma naissance et de ma mort. Je puis sans doute tenter d'en appréhender les conditions scientifiques, analyser le processus de la reproduction ou du vieillissement des cellules. Mais rien, dans l'approche biologique, aussi pertinente et intéressante soit-elle, ne me permettra de maîtriser le miracle de la vie ni la signification de ma finitude. Il y a, là encore, une part d'invisibilité, d'extériorité ou, si l'on veut, de transcendance qui prolonge celle que la raison m'imposait de découvrir dans la détermination du passé.

Les sciences, même les plus élaborées, peuvent décrire, voire expliquer partiellement ce qui est. Mais le fait que les choses « soient » — la « question de l'Être » — ne leur appartient pas. Sur cela, elles ne peuvent rien nous dire et, aujourd'hui comme hier, le mystère reste entier. Lorsque l'astrophysique nous parle du « Big-Bang », elle recoupe sans doute l'antique question théologique, puis métaphysique, de l'origine de l'univers, celle dont Leibniz, au XVIIᵉ siècle, faisait le centre de toute philosophie : « Pourquoi y a-t-il quelque chose plutôt que rien ? » Et c'est en cela qu'elle rejoint, par-delà l'inévitable technicité du propos, l'intérêt du grand public lui-même. Pourtant nous pressentons, jusque dans l'espoir d'une réponse enfin solide, qu'elle ne parviendra pas à lever les mystères qui entourent la question des origines. Un obstacle essentiel, structurel, lui fait barrage : il lui faudrait pour y parvenir sortir de son champ de compétence, redevenir en quelque façon théologie ou métaphysique, cesser d'être empirique... et c'est alors la solidité attendue qui s'évanouirait. Ce renoncement obligé donne à l'antique finitude des mortels une signification inédite.

Dans la philosophie du XVIIᵉ siècle encore, l'homme était pensé à partir de Dieu et, si l'on ose dire, *après* lui. Il y avait d'abord le créateur, l'être absolu et infini et, par rapport à lui, l'être humain se définissait comme manque, finitude. De là ses faiblesses notoires, son ignorance congénitale, bien sûr, mais tout autant son irrépressible propension au péché. Cette perspective, dans laquelle Dieu venait logiquement, moralement et métaphysiquement *avant* l'homme, s'accordait encore au théologico-éthique, à la fondation religieuse de la morale.

C'est cette hiérarchie que l'apparition des sciences modernes en même temps que celle d'un espace laïque abolit. Comme l'avait suggéré Ernst Cassirer, le siècle des Lumières est celui au fil duquel le primat de l'être humain se voit, dans tous les domaines de la culture, affirmé. Au point que Dieu commence à apparaître comme une « idée » de cet homme qu'il était censé avoir créé et qui, selon le mot de Voltaire, « le lui a bien rendu ». De Kant à Feuerbach, Marx ou Freud, le trait d'esprit ne cessera d'être davantage pris au sérieux.

Sur le plan moral, ce renversement sonne le glas du théologico-éthique. C'est en l'homme, dans sa raison et dans sa liberté qui constituent sa dignité, qu'il faut fonder les principes du respect de l'autre, non dans une divinité. Et le Christ lui-même, le Dieu-homme par excellence, n'est déjà plus qu'un saint-homme aux yeux des philoso-

phes, un individu qui réalise en lui et applique autour de
lui des principes universalistes dont l'expression la plus
adéquate figurera bientôt dans la Déclaration de 1789. Il
est, diront Kant et ses disciples, « l'idéal moral de l'humanité » — ce qui leur vaudra d'infamantes accusations
d'athéisme : si l'éthique rejoint d'elle-même l'enseignement chrétien, il n'est plus besoin de Dieu, ni même du
Christ, pour la fonder.

Ce mouvement est bien connu. Mais la description
qu'on en donne d'ordinaire élude la question cruciale :
celle du rôle qui revient, dès lors, à la religion. Question
d'autant plus difficile à écarter, pourtant, que les philosophes des Lumières se voulaient souvent chrétiens et qu'ils
pensaient, avec sincérité, élever la compréhension du
message des Évangiles à son niveau le plus authentique.
Et de fait, loin de disparaître, ce message continue de
former l'horizon des morales laïques.

Voici, je crois, la signification décisive de cette « révolution religieuse » : *sans disparaître pour autant, le contenu de la théologie chrétienne ne vient plus avant
l'éthique, pour la fonder en vérité, mais après elle, pour
lui donner un sens.* L'homme n'a donc plus recours à
Dieu pour comprendre qu'il lui faut respecter autrui, le
traiter comme fin et non seulement comme moyen.
L'athéisme et la morale peuvent être ainsi réconciliés.
Mais la référence au divin, à cette idée d'un Dieu dont
Levinas, ici fidèle à cette tradition des Lumières, dira
qu'il « nous vient à l'esprit », ne s'évanouit par pour
autant. Elle subsiste au contraire, pour des raisons de
fond. Elle vient pour ainsi dire conférer un sens au fait
de respecter la loi, ajouter l'espérance au devoir, l'amour
au respect, l'élément chrétien à l'élément juif.

Les hypothèses de ce livre

La première hypothèse de ce livre est que la question
du sens et celle du sacré — de ce pourquoi il ne serait
pas insensé de songer à un *sacrifice* — sont inséparables.
La seconde est qu'elles se nouent aujourd'hui sur la base
d'un double processus. D'une part le « désenchantement

du monde » ou, pour mieux dire, le vaste mouvement d'*humanisation du divin* qui caractérise depuis le XVIIIe siècle la montée de la laïcité en Europe. Au nom du refus des arguments d'autorité et de la liberté de conscience, le contenu de la Révélation n'a cessé d'être « humanisé » au fil des deux derniers siècles. C'est contre une telle tendance que le Pape multiplie les Encycliques. C'est dans ce contexte qu'il faut interpréter, quoi qu'on puisse en penser, ses combats. Mais en parallèle, c'est aussi à une lente et inexorable *divinisation de l'humain* que nous assistons, liée à cette naissance de l'amour moderne dont les historiens des mentalités nous ont récemment appris à déchiffrer la spécificité. Les problématiques éthiques les plus contemporaines en portent témoignage : de la bioéthique à l'humanitaire, c'est l'homme en tant que tel qui apparaît aujourd'hui comme sacré. Comment la question du sens de la vie se repose-t-elle à l'ère de l'homme-Dieu ?

Pour tenter d'esquisser les contours d'une telle question, j'examinerai d'abord les ultimes soubresauts du lent procès *d'humanisation du divin*. Depuis le XVIIIe siècle, le « théisme », l'idée d'une « foi pratique » qui ne serait pas l'effet d'une démonstration philosophique, ne cesse de s'affirmer plus nettement dans l'univers de la chrétienté elle-même. Et ce à partir d'une problématique humaniste. « À partir de », c'est-à-dire, aussi, *après et d'après elle*, mais non point avant elle. Le mouvement va désormais de l'homme à Dieu, et non plus à l'inverse. C'est l'autonomie qui doit conduire à l'hétéronomie, non cette dernière qui vient, en s'imposant à l'individu, contredire la première. Les chrétiens traditionalistes y verront le signe suprême de l'orgueil humain. Les chrétiens laïcs pourront au contraire y lire l'avènement d'une foi enfin authentique sur fond d'une éclipse du théologico-éthique[1]. C'est là l'enjeu du débat, rouvert par l'encyclique de Jean-Paul II sur la *Splendeur de la vérité*. Il oppose les partisans d'un retour à la théologie morale et ceux qui font au contraire « l'éloge de la conscience[2] » au point d'en appeler,

---

1. Cf. sur ce thème Jacques Rollet, *Penser la foi*, in *Mélanges offerts à Joseph Moingt*, Cerf, 1992.
2. Pour reprendre le titre d'un ouvrage du Père Valadier.

jusqu'au sein de l'Église, à une « éthique de la discussion ». La transcendance, en effet, n'est pas niée par ce
renversement de perspective. Elle est même inscrite, à
titre d'idée, dans la raison humaine. Mais c'est du sein de
l'immanence à soi, rejet de l'argument d'autorité oblige,
qu'elle se manifeste maintenant à un sujet qui revendique,
sur le plan moral à tout le moins, un idéal d'autonomie.

CHAPITRE I

L'HUMANISATION DU DIVIN :
DE JEAN-PAUL II À DREWERMANN

L'Église fait de la résistance, non sans motif d'ailleurs : si la tendance est à l'humanisation des sources du droit, de la morale et de la culture, si cette humanisation implique une remise en question des transcendances verticales de jadis [1], comment maintenir encore la crédibilité d'une théologie morale ? Comment concilier Révélation et Conscience ou, pour reprendre les termes de Jean-Paul II, « splendeur de la vérité » et « liberté individuelle » ? Le christianisme n'est-il pas voué à devenir une simple foi, un sentiment de piété s'élevant sur le socle de morales laïques qui viendraient maintenant lui donner l'essentiel de son contenu concret ? Le désenchantement du monde ne s'arrête pas à la simple séparation de la religion et de la politique. Il ne se limite pas à la fin du théologico-éthique, indispensable à l'avènement d'un espace public laïque, mais il produit, en profondeur, des effets sur les croyances individuelles et les opinions privées. Nombre d'enquêtes le confirment : la plupart des catholiques sont devenus, au

---

1. Comme le suggère, au fil d'une analyse serrée, le cardinal Lustiger. Cf., notamment, *Devenez dignes de la condition humaine*, Flammarion, 1995, p. 20 : « Dans les débats éthiques qui sollicitent l'opinion, la conscience est en quelque sorte mise sous la tutelle des comités d'éthique ou de cours arbitrales professionnelles. Comme les dispositions législatives ou réglementaires, ces décisions tiennent lieu de norme morale. Mais la loi n'oblige et n'autorise en conscience que si elle est conforme à la raison morale. »

sens voltairien du terme, « déistes[1] ». Ils conservent, certes, le sentiment d'une transcendance, mais sans cesse davantage ils abandonnent les dogmes traditionnels au profit d'une conversion à l'idéologie des droits de l'homme. On se dit encore catholique, mais on soumet les commandements du Pape au crible humaniste de l'examen critique et l'on ne croit plus guère en l'immortalité réelle de l'âme, en la virginité factuelle de Marie, ou même en l'existence du Diable...

L'humanisation ou la laïcisation de la religion elle-même

Deux arbres cachent ainsi la forêt, deux discours, plus ou moins convenus, dissimulent le fond des débats qui traversent aujourd'hui l'univers de la religion.

Le premier, celui de la « revanche de Dieu », s'en prend aux fondamentalismes de tous ordres. Il affirme, en s'appuyant parfois sur de bons arguments, que nous vivons un « retour du religieux » : le monde occidental moderne, tout imbu de sa supériorité historique, sécréterait ses propres antidotes — à moins que la réaction, autre variante de ce discours, ne s'enracine à l'extérieur, dans les derniers spasmes de la décolonisation. L'islam de Khomeiny, le christianisme de Monseigneur Lefebvre ou le judaïsme de l'extrême droite israélienne seraient à comprendre comme les diverses facettes d'un phénomène unique et inquiétant : l'intégrisme.

D'un autre côté pourtant, toutes les enquêtes sociologiques sérieuses dévoilent l'ampleur du mouvement de sécularisation qui gagne le monde démocratique européen. Au point qu'il faudrait parler, notamment à propos des jeunes, d'une véritable « déchristianisation[2] ».

---

1. Cf. notamment Jacques Rollet, « Les croyances des Français », in *Études*, octobre 1995, qui commente un intéressant sondage réalisé en 1994 par l'institut CSA. À la question : « Dans les grandes décisions de votre vie, tenez-vous compte avant tout de votre conscience ou des positions de l'Église ? », 83 % des Français répondent « de ma conscience », et 1 % seulement « des positions de l'Église » (9 % répondant « les deux »).

2. Cf., sur ce point, les articles réunis dans le n° 75 de la revue *Le Débat*, Gallimard, mai-août 1993. Cf. aussi, sur ce même thème, Jean

Ces analyses ont leur part de vérité. Mais elles ont aussi l'inconvénient d'occulter la façon dont les religions instituées réagissent *elles-mêmes*, pour ainsi dire *de l'intérieur*, aux problèmes posés par la laïcisation du monde. Or, de ce point de vue, les concepts d'intégrisme ou de déchristianisation sont tout à fait insuffisants. Ils ne permettent en rien de rendre compte de la manière dont l'immense majorité des croyants vivent et conçoivent leur rapport au monde moderne. Ils contribuent au contraire à rendre invisibles, donc indiscutables dans l'espace public, les deux interrogations cruciales qui divisent aujourd'hui l'Église. Elles sont pourtant, on va le voir, révélatrices des effets produits par l'émancipation des croyants à l'égard des figures traditionnelles du théologico-politique. Et, pour les non-croyants eux-mêmes, elles témoignent d'une tendance à l'humanisation de la religion qui mérite au plus haut point réflexion.

Le premier débat, celui auquel l'encyclique *Splendeur de la vérité* cherche à mettre un terme, porte sur la compatibilité des progrès de l'humanisme avec l'idée d'une vérité morale révélée. Question classique depuis le XVIIIe siècle au moins, mais singulièrement réactivée par les évolutions qui se font jour au sein même de l'Église. La seconde discussion, elle aussi ancienne, est symbolisée par le nom du théologien allemand Eugen Drewermann. Elle touche le statut de l'interprétation des Évangiles : le message du Christ doit-il être lu, de façon traditionnelle, comme dévoilant des vérités historiques incontestables, apportant la lumière aux hommes *de l'extérieur*, ou, au contraire, comme un discours porteur d'un sens symbolique, à l'image des mythes ou des grands récits poétiques ? Son décryptage psychanalytique montrerait alors qu'il s'adresse aux individus *du dedans d'eux-mêmes*.

Ces deux questions, disais-je, méritent, même pour un non-croyant, réflexion. Il se pourrait, en effet, qu'elles soient la contrepartie, au sein des religions instituées, du processus par lequel les morales laïques nous recondui-

---

Stoezel, *Les Valeurs du temps présent : une enquête européenne*, PUF, 1983 ; Hélène Riffault, *Les Valeurs des Français*, PUF, 1994 ; ou encore le dossier consacré par le mensuel *Panorama* en novembre 1993 au thème « les Français, la mort et l'au-delà ».

sent d'elles-mêmes à l'idée d'une spiritualité manquante, d'un « Dieu qui vient à l'idée ». À la divinisation de l'humain, à cette nouvelle religion de l'Autre à laquelle nous convie si souvent la philosophie contemporaine, répondrait la volonté non seulement d'humaniser le divin, de le rendre plus parlant pour les hommes et plus proche d'eux, mais encore de reformuler notre rapport à lui en des termes qui ne soient plus ceux des arguments d'autorité. Comme si l'intériorisation de la spiritualité devenait, pour la religion elle-même, une exigence indispensable.

Liberté de conscience ou vérité révélée ?

C'est bien sûr contre cette tendance que les tenants de la tradition réagissent. Réaction bien compréhensible, si l'on admet que l'essence de la religion est, justement, d'ordre *traditionnel*. Toute concession à une liberté de conscience, par nature illimitée, représente une menace pour l'idée même de révélation : je ne puis, en toute bonne foi, décréter que j'appliquerai le principe du rejet des arguments d'autorité dans tel domaine et non dans tel autre, jusqu'à tel point et non au-delà. La liberté de pensée est absolue ou elle n'est rien. Voilà bien le danger que Jean-Paul II, aujourd'hui encore, aujourd'hui plus que jamais, se voit contraint d'affronter. De là cette « splendeur de la vérité » révélée et intangible qu'il lui faut réhabiliter contre les « déviations » de catholiques modernistes. Voici les termes qui, selon le Pape, définissent l'erreur à laquelle son encyclique se propose d'apporter remède :

« Dans certains courants de la pensée moderne, on en est arrivé à exalter la liberté au point d'en faire un absolu, qui serait la source des valeurs. (...) On a attribué à la conscience individuelle des prérogatives d'instance suprême du jugement moral, qui détermine de manière catégorique et infaillible le bien et le mal. À l'affirmation du devoir de suivre sa conscience, on a indûment ajouté que le jugement moral est vrai par le fait même qu'il vient de la conscience. Mais de cette façon, la nécessaire exigence de la vérité a disparu au profit d'un critère de sincérité, d'authenticité, d'accord avec soi-même, au point que l'on en est arrivé à une conception radicalement subjectiviste du jugement moral. (...) Ces différentes conceptions sont à l'origine des mouvements de pensée qui soutiennent l'antagonisme entre loi morale et conscience, entre nature et liberté (...) Malgré leur variété, ces tendances se rejoignent dans le fait d'affaiblir ou même de nier la dépendance de la liberté par rapport à la vérité [1]. »

On comprend ce qui, ici, tourmente le Pape — et parfois, je l'avoue, j'ai quelque difficulté à saisir pourquoi tant de chrétiens sont si prompts à lui reprocher son « autoritarisme ». L'Église n'est ni un parti politique, ni une entreprise autogérée et, du point de vue *traditionnel*, le débat soulevé par Jean-Paul II paraît aussi légitime que bien centré. Il pose deux questions dont on voit mal comment un chrétien pourrait les éluder : la conscience de l'être humain peut-elle, à elle seule, fournir ou même seulement découvrir la source du bien et du mal, comme semble l'impliquer, en effet, la fin du théologico-éthique ? Et si l'on répond par l'affirmative, ce que l'Église ne peut sans dommages, comment éviter de sombrer dans une éthique de l'authenticité où la sincérité prendra le pas sur la vérité ? L'objection tombe sous le sens et Jean-Paul II ne peut que la rappeler : il ne suffit pas d'être sincère, d'être en accord avec soi-même, pour être dans cette Vérité qui requiert d'abord et avant tout un accord avec les commandements divins. Et je vois mal, là encore, ce que les chrétiens pourraient, sur ce point du moins, attendre d'autre du Pape, de même que j'ai quelque peine à percevoir en quoi le chef de l'Église catholique pourrait, en matière d'amour, plaider pour d'autres vertus que celles de la fidélité [2]. Si le Pape en venait lui aussi à faire de la libre conscience le seul critère de la vérité, si le degré de conviction devait être le viatique d'une nouvelle théologie morale, cela ne reviendrait-il pas, en effet, « à nier

1. *La Splendeur de la vérité*, Mame/Plon, 1993, p. 54-57. (§ 32-34.)
2. Quitte à ce que tel ou tel de ses évêques suggère, pour ceux qui ne pourraient s'en tenir à cette règle, que certains comportements offrent moins d'inconvénients que d'autres...

l'existence, dans la Révélation divine, d'un contenu moral spécifique et déterminé, de validité universelle et permanente [1] » ?

Face aux revendications d'un humanisme qui, selon lui, conduit à remettre en cause l'idée même d'une morale chrétienne spécifique, non réductible à l'idéologie des droits de l'homme, le Pape opère donc un quadruple rappel à l'ordre :

— Il lui faut d'abord réaffirmer les principes du théologico-éthique, c'est-à-dire l'impossibilité de « remettre en question l'existence du fondement religieux ultime des normes morales » (§ 36). La conscience n'est pas une « source autonome et exclusive pour décider ce qui est bon et ce qui est mauvais », car la vérité n'est pas créée par l'être humain : elle reste, aujourd'hui comme hier, « établie par la loi divine, norme universelle et objective de la moralité » (§ 60).

— Cette vérité morale est absolue, elle ne dépend pas des circonstances ou même de la prise en compte des conséquences de nos actions : « Si les actes sont intrinsèquement mauvais, une intention bonne ou des circonstances particulières peuvent en atténuer la malice, mais ne peuvent pas la supprimer... De ce fait, les circonstances ou les intentions ne pourront jamais transformer un acte intrinsèquement malhonnête de par son objet en un acte "subjectivement honnête ou défendable comme choix" (§ 81). En termes philosophiques, le Pape dénonce ici tout à la fois l'éthique de l'authenticité (qui confond la sincérité avec la vérité) et l'utilitarisme (qui relativise le sens d'un acte isolé en le rapportant à ses conséquences [2]). L'enjeu de ce rappel est clair : il s'agit d'éviter que les chrétiens se donnent « bonne conscience » en excusant, au nom des intentions ou des circonstances exceptionnelles, des actes « contraires à la vérité ».

---

1. *Ibid.*, p. 61. (§ 36.) Cf. aussi, sur la question classique de la prudence, le § 56.
2. Cf. aussi § 90. Sur plus d'un point, la critique de l'utilitarisme menée par Jean-Paul II rejoint celle de Rawls : il est illicite, au nom du bonheur général, de sacrifier la moindre parcelle de dignité humaine.

— Il convient donc, dans cette même logique, de ne pas se « modeler sur le monde présent » : ce n'est pas parce que l'époque est à la sacralisation de la liberté personnelle qu'il faut chercher à transformer le contenu de l'éthique chrétienne pour l'adapter au goût du jour. Tout à l'inverse, le chrétien authentique est à la fois un « résistant » et, pourquoi pas, un « révolutionnaire ». Il doit plutôt transformer le monde que s'adapter à lui.

— Enfin, et telle est la pointe ultime de l'encyclique, la conscience et la vérité ne s'opposent qu'en apparence. Selon les termes de Vatican II, « Dieu a voulu laisser l'homme à son conseil ». Il ne lui a pas ôté la liberté, bien au contraire. Simplement, comme il a aussi créé l'homme à son image, c'est en suivant dans ses actions les principes de la vérité divine que l'être humain accède pleinement à lui-même. Dans le langage de la théologie, on parlera de « théonomie participée » (§ 41). En clair : la loi morale, certes, vient de Dieu et non des hommes (théonomie), mais cela n'exclut pas leur autonomie, puisque l'être humain, participant en quelque façon du divin, n'accède à la pleine liberté que par l'obéissance à la loi qui lui est prescrite : « L'autonomie morale authentique de l'homme ne signifie nullement qu'il refuse, mais bien qu'il accueille la loi morale, le commandement de Dieu (...). En réalité, si l'hétéronomie de la morale signifiait la négation de l'autodétermination de l'homme ou l'imposition de normes extérieures à son bien, elle serait en contradiction avec la révélation de l'Alliance et de l'Incarnation rédemptrice. »

Ces réponses forment un tout cohérent. À certaines réserves près (j'y reviendrai), elles ne manquent ni d'élégance, ni de rigueur et, d'un point de vue traditionnel, elles paraissent plutôt justifiées. On ne saurait pourtant sous-estimer, y compris dans une perspective chrétienne, l'ampleur et la légitimité du mouvement de sécularisation auquel, justement, elles prétendent remédier. Est-il suffisant, si l'on admet cette ampleur au point d'éprouver le besoin de rédiger une telle encyclique, de rappeler les vérités de la tradition ? Qu'on me comprenne bien : la question n'est pas de savoir si ce type de réponse est ou non « adapté », stratégiquement habile ou efficace, mais s'il est au niveau, en termes de vérité et non de tactique, du défi lancé par l'humanisme moderne.

À cet égard, la position défendue par Jean-Paul II souffre de certaines faiblesses. On pressent qu'elle ne suffira pas à endiguer le fleuve qu'elle emprunte à contre-courant. Lorsque le chrétien d'aujourd'hui, fût-il d'excellente volonté, cherche à donner un contenu concret à cette vérité morale révélée qui doit limiter sa liberté (fût-ce pour mieux l'exprimer), il est renvoyé au *Catéchisme de l'Église catholique*. Or cet ouvrage est parfois si contraire aux principes de l'humanisme laïc, voire à l'enseignement des Évangiles eux-mêmes, que l'on se prend à douter que la « théonomie participée » puisse faire place à la liberté de conscience. On aurait pu attendre, à la lecture de *Splendor veritatis*, que la révélation vienne, non point réprimer la conscience, mais l'éclairer et, par là même, la libérer. Comment toutefois parvenir à ce louable objectif si la conception de la vérité, une fois précisée *in concreto*, s'avère hostile à l'idée même de conscience ?

Un seul exemple, mais il est de taille, suffira à faire apparaître la difficulté : celui de la peine de mort. Je passe sur le fait qu'au nom d'une idée traditionnelle de la nature, l'homosexualité soit condamnée comme un péché mortel, au même titre que l'union libre, l'onanisme ou les procréations médicalement assistées. Nous sommes bien loin de l'Évangile, mais enfin, le catéchisme appartient à un genre, on le comprend, qui n'est pas toujours des plus subtils. Passons, donc. Mais la peine de mort ? Comment légitimer le fait que le chef des catholiques puisse donner un tel contenu à une vérité morale qu'il voulait « splendide » ? Comment peut-il déclarer reconnaître « le bien-fondé du droit et du devoir de l'autorité publique légitime de sévir par des peines proportionnées à la gravité du délit, sans exclure dans des cas d'une extrême gravité la peine de mort[1] » ? Le principe d'un tel châtiment n'est pas seulement contraire à « l'esprit du temps », mais il vient contredire de façon diamétrale l'idée, pourtant si chèrement défendue par Jean-Paul II, *que les intentions*

---

1. *Catéchisme de l'Église catholique*, Mame/Plon, 1992, § 2266.

*et les circonstances ne sauraient rendre bon un acte
intrinsèquement mauvais.* Le fait de donner volontairement la mort à un autre homme appartient-il à cette théonomie censée éclairer la liberté de conscience ? Et si, en
toute conscience, le chrétien doit s'opposer sur ce point à
l'Église instituée, pourquoi ne le ferait-il pas sur d'autres
aspects qui pourraient lui sembler ne pas appartenir clairement à l'enseignement du Christ ?

Ces remarques, contrairement peut-être aux apparences, n'ont pas pour but d'ajouter une voix supplémentaire
à celles qui dénoncent le magistère de l'Église. Elles
visent à faire ressortir toute la difficulté que recèle la
notion de « théonomie participée » dès qu'on entend en
préciser la signification concrète. Car la libre conscience,
fût-elle celle d'un chrétien, s'accorde plus aisément aux
principes généraux qu'aux interdits particuliers. La marque de l'humanisme se fait sentir ainsi jusqu'au cœur de
l'Église : une première fois par le fait même qu'elle se
sent contrainte de rétablir le primat de la vérité sur la
liberté ; et une seconde, parce que, ce faisant, elle s'expose à la critique des fidèles, y compris de ceux qui pourraient se trouver en accord avec le principe général d'une
« théonomie participée ».

Impossible, dès lors, d'éluder la question de savoir s'il
existe encore une spécificité de l'éthique chrétienne, si
celle-ci ne tend pas à se réduire à un simple surplus de foi
ajouté à ce qui, au fond, n'est rien d'autre, dans l'esprit
de la plupart des chrétiens, que l'idéologie des droits de
l'homme. Le message est excellent et sans nul doute historiquement hérité, au moins pour une part, du christianisme. Mais est-il encore besoin d'être croyant pour le
partager ? Le respect de la personne humaine, le souci de
l'autre, de sa dignité ou de sa souffrance ne sont plus des
principes dont le christianisme aurait le monopole. Pour
beaucoup, même, ils apparaissent à bien des égards
comme construits contre lui, tant l'Église catholique a mis
longtemps à s'affranchir des traditions contre-révolution-
naires. D'où la question, sans doute décisive pour un
chrétien, de savoir ce qu'ajoute encore sa foi à la morale
laïque commune ? Loin d'en revenir au théologico-éthique, il semble que les croyants s'approprient sans cesse

davantage le fond laïc constitué par la grande Déclaration et que ce soit sur cette base commune que vienne se greffer leur foi. Comme un surcroît de sens, donc, sur un mode éthico-religieux plus que théologico-éthique. Dans cette inversion des mots, dans ce renversement de préséance des rapports de l'éthique et de la religion, ce sont bien sûr les effets de l'humanisme qui se manifestent au grand jour. Et ce sont eux, encore, qui conduisent à interroger le statut de la vérité révélée. Nul hasard non plus, si c'est à un problème d'*interprétation*, donc à la part de subjectivité qui entre dans la compréhension de la vérité, que nous sommes à nouveau confrontés.

Symbole intemporel ou vérité historique : faut-il « humaniser » le message du Christ ?

Les différents épisodes de la vie du Christ rapportés par les Évangiles sont-ils des faits historiques ou des symboles issus des profondeurs de l'âme humaine et doués d'une signification intemporelle ? Dans le premier cas, ils appartiendraient à l'ordre d'une vérité tout à la fois révélée et positive, s'imposant aux croyants de manière incontestable ; dans le second, ils relèveraient de la sphère du sens, mythologique ou psychologique, et requerraient une interprétation.

L'enjeu de ce débat est aussi clair que décisif : il s'agit encore de décider si les faits de la religion doivent conserver ou non leur statut d'*extériorité radicale* à l'égard des êtres humains ou, à l'inverse, être débarrassés de leurs oripeaux extérieurs en vue d'une intériorisation de leur signification authentique. Et si l'on admet que le religieux est lié à l'idée d'une extériorité radicale du divin par rapport aux hommes, son intériorisation n'est-elle pas synonyme de négation ? De là une réticence ancestrale, presque viscérale de l'Église à l'égard des approches historiques du phénomène religieux[1].

En faisant appel aux sciences humaines, à la psychana-

---

1. En témoigne encore, tout récemment, la polémique suscitée par le *Jésus* de Jacques Duquesne, paru aux éditions Flammarion en 1994.

lyse ainsi qu'à l'histoire comparée des cultures, Eugen Drewermann a ouvert la discussion par des livres dont le succès fut tel qu'il devint rapidement impossible aux autorités cléricales de ne pas y voir un nouveau signe des « progrès » de l'idéologie humaniste[1]. D'autant que Drewermann était et reste encore aujourd'hui, bien qu'en disgrâce, un prêtre catholique. Tout son travail peut être lu comme une tentative de réduire au maximum la part d'*extériorité* que recèle le message chrétien. Il s'agit de « désaliéner » la religion sur tous les plans, non seulement l'institutionnel, mais aussi l'herméneutique, afin que son contenu n'apparaisse plus comme tiré d'ailleurs que du fond du cœur humain.

Le débat sur la question de savoir si la vérité des Évangiles est historique ou symbolique s'inscrit ainsi dans la même perspective que celui abordé par *Veritatis splendor* : c'est encore de la liberté intérieure de la conscience humaine dans son rapport à la révélation qu'il s'agit, du processus d'intériorisation du religieux lié au retrait des figures classiques du théologico-éthique. On perçoit pourquoi la polémique est d'une extrême violence : si la religion se définit par son extériorité à l'égard des hommes, par le fait que son contenu révélé, par essence, vient d'ailleurs, comment l'application d'une herméneutique humaniste la réduisant à ses significations symboliques ne risquerait-elle pas de la détruire ? N'est-ce pas la distinction entre mythe et religion qu'une telle lecture tend à abolir, mettant le christianisme sur le même plan que le bouddhisme, la théogonie égyptienne ou la mythologie grecque ?

La question centrale est donc bien celle de l'interprétation et, sur ce point, la position de Drewermann est claire. Dans l'essai intitulé *De la naissance des dieux à la naissance du Christ*[2] (1986), il cherche à dégager la signification véritable, donc, à ses yeux, non factuelle, du « mythe » de la nativité : « La naissance du fils de Dieu

---

1. Comme on le verra peut-être mieux dans ce qui suit, le fait que Drewermann n'ait cessé de dénoncer l'héritage des Lumières ne change rien au fait que sa théologie s'inscrit dans le cadre général de l'humanisme.
2. Traduction au Seuil, Paris, 1992.

ne se situe pas au niveau de l'histoire, elle se situe au niveau d'une réalité que seules les images du mythe sont capables de décrire. Mais il convient alors de lire *symboliquement* l'histoire de la naissance de Jésus à Bethléem[1]. » Et Drewermann y insiste tout au long de l'ouvrage : il faut relier ces symboles à des « expériences vitales », à des vécus humains, afin de les laisser agir sur nous, à la façon de ces contes et légendes, cette « poésie du peuple » dans laquelle le romantisme[2] trouvait déjà ses archétypes avant que la psychanalyse ne vienne en dévoiler le pouvoir thérapeutique. La théologie catholique officielle se borne à consacrer des faits auxquels les chrétiens sont invités à croire de façon autoritaire et, parce qu'extérieure, privée de toute signification authentique pour eux.

Ce qui conduira Drewermann à considérer la virginité de Marie comme un mythe symbolique, et non comme un fait historique miraculeux. Marie a bel et bien « connu le sperme de l'homme », ce qui ne l'empêche pas, en un autre sens, d'être vierge. L'assertion, émanant d'un prêtre catholique, sera jugée irrecevable par les autorités ecclésiastiques incarnées dans la personne de Monseigneur Degenhardt. Les actes du débat qui opposera le prêtre à son évêque ont été publiés et traduits presque aussitôt (1993) en français[3]. Peu importe ici le détail de cette discussion théologique savante et serrée. Drewermann n'y rencontre guère de difficulté à montrer que, selon les exégètes les plus traditionalistes eux-mêmes, la factualité de l'affaire est douteuse et qu'au demeurant, la foi chrétienne n'a rien à gagner (et plutôt tout à perdre) à lier son sort à celui d'événements surnaturels dont la crédibilité est chaque jour plus fragile. L'essentiel, quant au fond, est ailleurs : dans la distinction que Drewermann opère entre l'histoire au sens factuel du terme (l'allemand dit *Historie)* et l'histoire comprise comme un *récit*, comme un discours narratif *(Geschichte)*, vrai ou non selon la première acception. À cet égard, la virginité de Marie, de même, par exemple, que la multiplication des pains ou

---

1. *Ibid.*, p. 144.
2. *Ibid.*, p. 24.
3. Aux éditions du Cerf, sous le titre : *Le Cas Drewermann. Les documents.*

d'autres miracles, fait partie de la *Geschichte*, mais certainement pas de l'*Historie*. Ce sont des récits symboliques, non des faits positifs et empiriques. Il faut rapporter ici les termes dans lesquels Drewermann s'adresse à son évêque :

« La foi ne définit pas de faits historiques *(historisch)*. On ne peut tirer de la foi effective aucune hypothèse sur ce qui a dû se passer historiquement *(historisch)*. Si la recherche historique *(historisch)* bute sur certains passages, il faut se contenter de dire à leur propos que nous ne savons pas, ou expliquer ce que nous pouvons savoir dans le cadre de nos méthodes actuelles... Linguistiquement, il y a une grande différence entre fait historique *(historisch)* et histoire *(Geschichte)*... Je ne cesse d'affirmer que la multiplication des pains fait partie de l'histoire *(Geschichte)* ! Mais oui[1] ! »

Irritation suprême de l'évêque qui se moque bien d'apprendre que la multiplication des pains est une bien « belle histoire » quand il voudrait entendre qu'elle est un fait historique ! D'autant que Drewermann, quelques lignes plus loin, enfonce le clou en jouant sur les possibilités de la langue allemande : « ... On entend par histoire *(Geschichte)*, ce qui renvoie à une expérience et à un vécu, et c'est ce que certains textes expriment de façon adéquate dans des formulations qui ne sont pas d'ordre historique *(historisch)*. Quand on dit histoire *(Historie)* dans le second sens, cela veut signifier qu'il faut comprendre ce qui est dit comme une information sur certains faits. Cette différence tient à ce que (...) les expériences de foi sont essentiellement d'ordre intérieur. À cela nous devons croire, alors que nous ne pouvons pas dire en tout point si cela s'est passé de telle ou telle façon dans la réalité observable[2]. »

Pour rendre le débat moins simple, ou tout au moins plus complet, il faut ajouter que Drewermann, conscient du danger qu'il y aurait à opposer l'imaginaire au réel de

---

1. *Le Cas Drewermann, op. cit.*, p. 83.
2. *Ibid.*, p. 83.

façon plate et binaire, essaie d'introduire l'existence d'une réalité d'un troisième type. Écoutons-le, là encore :

« Pour nombre de nos auditeurs, le problème vient de ce que, quand nous disons "non historique" ou tout au moins "non constatable en tant que fait", ils comprennent : "parfaitement imaginaire", "totalement inventé"... Ce dont nous avons besoin... c'est d'une autre vision du réel que celle qui domine dans notre monde moderne... La vérité est qu'il existe des réalités qui sont encore inclassables, et telles sont précisément les réalités religieuses [1]. »

Entre l'imaginaire pur et les faits saisis par l'observation ou la raison scientifique, il y aurait ainsi la réalité du « symbolique » telle que la psychanalyse nous invite à la comprendre. Je doute qu'une telle déclaration puisse rassurer les évêques. Pour en saisir la portée exacte, il faut cependant la relier au projet global qui s'exprime dans les premiers ouvrages de Drewermann [2] : réconcilier enfin ces deux sœurs ennemies que sont la psychanalyse et la religion. Comment faut-il comprendre et apprécier une telle tentative ?

À première vue, disons-le franchement, l'objectif semble déraisonnable. Freud lui-même s'est exprimé sur ce point et ses propos sont sans ambiguïté. Dans *L'avenir d'une illusion*, les grands monothéismes sont assimilés à une gigantesque névrose obsessionnelle qui aurait pris les dimensions de l'humanité entière. Par-delà la lettre des textes du Père fondateur, les deux optiques paraissent irréconciliables, et ce pour une raison de fond : toute religion suppose un moment de transcendance radicale. Le sacré, en quelque sens qu'on l'entende, renvoie à une entité extérieure aux hommes et c'est pourquoi, justement, il requiert d'eux un acte de foi. Or la psychanalyse n'admet guère d'autre extériorité que celle de l'inconscient. Si donc on peut encore parler de transcendance (de cet inconscient par rapport au conscient), il ne saurait s'agir que d'une transcendance, si l'on ose dire, interne à notre subjectivité. Dans cette perspective, le Diable et le Bon Dieu ne sauraient être que des fantasmes, des projec-

1. *La Parole qui guérit*, p. 60.
2. Voir, notamment, *La Peur et la faute*.

tions de conflits inconscients. Drewermann le confirme d'ailleurs en toute naïveté lorsqu'il déclare : « Le diable est le composé de tout ce qui nous appartient et que nous n'osons pas vivre : la somme de nos désirs refoulés et de la vie plus profonde que nous refoulons. » En somme, il n'est nulle part ailleurs qu'en nous-mêmes. Le discours du prêtre cède la place à celui d'un psychanalyste qui pourrait tout aussi bien être athée. Et l'on voit mal en quoi ce qui vaut pour le Diable, à savoir qu'il n'est qu'une projection de *notre* inconscient, ne vaudrait pas aussi pour Dieu... Difficile, dans ces conditions, d'apercevoir comment religion et psychanalyse pourraient entretenir d'autres relations que celle de l'eau et du feu.

Drewermann, bien sûr, n'ignore rien de tout cela. Comment tente-t-il de lever la difficulté ? Notons d'abord qu'il se réfère plus volontiers à Jung qu'à Freud. Nul hasard en cela : le premier, à la différence du second, postule une transcendance de certains « archétypes » par rapport aux sujets individuels (par exemple ceux qui sont associés à l'image des parents et viendraient du fond des âges). Il ne réduit donc pas tout à l'histoire personnelle. Drewermann est convaincu que cette version de la psychanalyse peut apporter beaucoup à la théologie : elle seule, selon lui, pourra enfin nous permettre d'interpréter la signification authentique du message biblique.

Si l'on prend, par exemple, le récit de la genèse (du péché originel) au pied de la lettre, on entre dans une série de difficultés insurmontables. D'un point de vue historique et scientifique, il est devenu pour nous, aujourd'hui, peu vraisemblable. Souvenons-nous de la ridicule censure qui pesait il y a peu encore, aux États-Unis, sur l'enseignement de Darwin à l'école ! En revanche, ce récit rejoint d'un point de vue symbolique ce que nous savons des origines de l'angoisse : coupé de cette sécurité qu'apporte la foi en l'amour de Dieu, l'existence humaine, dénuée de sens, ne peut que se perdre dans les méandres des diverses pathologies névrotiques. Comme le schizophrène qui éprouve le sentiment de l'étrangeté absolue du monde, Adam et Ève se retrouvent au sein d'un univers qui a cessé d'être amical. Dès l'instant où Dieu s'efface derrière l'indifférence de la nature, l'être humain ne peut plus trouver sur cette terre une demeure habitable. Dans ce type de comparaison entre une angoisse d'origine psychique (celle de la personnalité schizoïde) et celle, métaphysique, de l'homme séparé de Dieu, il ne s'agit pas de réduire une discipline à l'autre. Si Drewermann cherche à comprendre la religion à partir de la théorie psychanalytique de l'angoisse — ce qui le conduit à nier l'existence factuelle du surnaturel (des miracles) —, il vise aussi à élever cette dernière au-delà de la simple psychologie, jusqu'à sa dimension sacrée : « ... La théologie se doit de se corriger et de se définir elle-même de façon nouvelle (...) face aux perspectives ouvertes par la psychanalyse. Mais, à l'inverse, la vision psychanalytique doit accepter d'être complétée et approfondie par la théologie, si elle ne veut pas sombrer elle-même dans une autre forme de positivisme[1]. »

Sur le premier versant, je ne suis pas sûr que la foi chrétienne *traditionnelle* ne soit en danger et je comprends qu'un différend irréductible oppose l'Église à Drewermann. Il reste que la référence à la psychanalyse n'a pas ici le sens d'une critique de la religion. Elle relève plutôt, me semble-t-il, du projet de réconcilier enfin humanisme et spiritualité, souci de la liberté de conscience et sentiment de la transcendance des valeurs les plus profondes. Les approches purement psychologiques de l'angoisse, quel que soit leur intérêt, sont toujours trop courtes. Qu'à travers le dialogue entre psychanalyse et théologie la dimension du sacré fasse son apparition dans l'ordre des sciences humaines serait, à cet égard, du plus haut intérêt.

La conception du divin émanant de cette « psychothéologie » n'en reste pas moins d'une extrême ambiguïté[2],

---

1. *De la naissance des dieux à la naissance du Christ*, p. 48.
2. Comme en témoigne, entre autres, le texte suivant : « Je crois de deux façons en Dieu. Je crois d'abord que les sciences de la nature sont en train de nous tracer une nouvelle image même de la pensée théologique. Elles manifestent la nécessité de respecter un système qui s'organise de lui-même. Nous ne pouvons plus parler de la matière et de l'esprit comme nous étions habitués à le faire en Occident. Nous découvrons l'esprit comme une propriété structurelle de tous les systèmes complexes. Le sens se pose de lui-même à partir de la voie de

elle-même au plus haut point symptomatique des nouvelles figures du religieux.

D'un côté, en effet, Drewermann communie avec les écologistes profonds dans l'affirmation du caractère sacré de toutes les créatures. S'inspirant des philosophies romantiques, il rejoint Hans Jonas dans l'idée que l'homme est le produit le plus achevé de la nature, qu'il ne diffère des autres êtres que par le degré, sur un mode quantitatif, donc, et non qualitatif, même si cette distinction lui confère certaines responsabilités particulières. De là sa proximité affichée avec le bouddhisme, dont témoigne son dialogue amical avec le Dalaï-Lama[1]. De là encore sa fameuse thèse sur l'immortalité de l'âme des animaux[2] et, en parallèle, sa non moins célèbre critique du « progrès meurtrier[3] ». L'ouvrage qui porte ce titre s'inscrit dans la longue série des déconstructions de l'anthropocentrisme moderne. Comme l'écologie radicale, et dans les mêmes termes, il dénonce un certain monothéisme, censé annoncer le cartésianisme et l'idéologie des Lumières, grands responsables de la « dévastation de la terre » à l'époque contemporaine. À cet égard, le livre de Drewermann contre le progrès n'offre aucune

---

l'évolution. En ce sens, Dieu est quelque chose qui se déploie lui-même dans le monde et avec le monde. Cette idée très poétique et créatrice qui rappelle le panthéisme est aussi fort sage et elle nous conduit à redécouvrir de façon nouvelle notre lien avec les créatures (...) Une religion ne sera plus désormais crédible que si elle marque le sens religieux du lien entre l'homme et la nature et saisit l'unité constitutive de l'âme et du corps (...) Le second point, c'est qu'il n'est plus désormais possible de bannir l'angoisse résultant du fait de se saisir comme individu (...) Je considère la foi en un Dieu personnel comme un postulat urgent pour répondre à cette angoisse humaine. Je crois que c'était ce que pensait Jésus quand il entendait nous redonner le courage de marcher sur les eaux et de sentir que l'abîme nous portait dès lors que nous faisions confiance. Ces deux images de Dieu, celle du Dieu personnel et celle de l'esprit se développant lui-même, celle de la systématique évolutive, sont antithétiques. Mais je tiens pour possible que la vieille doctrine trinitaire du christianisme soit capable de relier les deux rôles. » *Frankfurter Allgemeine*, 3 mai 1991. Traduit et commenté dans le numéro de *L'Actualité religieuse dans le monde* consacré tout entier à Drewermann en mars 1993, p. 58.

1. Cf. *Les Voies du cœur*, trad. Cerf, Paris, 1993.
2. *De l'immortalité des animaux*, trad. Cerf, Paris 1992.
3. *Le Progrès meurtrier*, Stock, 1993 pour la traduction française.

originalité particulière : il tend à accréditer l'idée simpliste selon laquelle nous n'aurions que le choix entre un
« humanisme meurtrier », d'origine judaïque et cartésienne, ou le retour à une religion de la nature où toutes
les créatures sont situées sur le même plan (ce que l'éco-
logisme désigne sous l'expression « d'égalitarisme bio-
sphérique »).

Mais cette vision panthéiste semble incompatible,
comme le reconnaît d'ailleurs Drewermann, avec la conception chrétienne d'un Dieu personnel transcendant de
toute sa splendeur les créatures terrestres. Mêlant des thèmes chrétiens à d'autres, cosmologiques, bouddhistes, ani-
mistes, qui ne doivent rien au christianisme mais à bien des
égards s'en écartent, il rejoint la « nébuleuse mystico-éso-
térique » qui, depuis les années soixante-dix, n'a cessé de
gagner du terrain auprès des jeunes [1]. Comme dans les idéologies « New Age », cette conception naturaliste et imper-
sonnelle du divin est liée à une critique de l'Occident.
Comme elle, elle s'accompagne d'une déconstruction radicale des prétentions du sujet moderne à maîtriser son destin
par la volonté et l'intelligence. C'est par là qu'elle peut
s'associer au thème psychanalytique de la « déprise du
sujet » et plaider la nécessité, pour l'individu, d'abandonner le projet de maîtriser sa propre vie par la conscience
morale du surmoi. S'il faut accepter le détour par l'inconscient c'est pour détrôner enfin le « sujet métaphysique »
supposé maître et possesseur de la nature comme de lui-
même. De là la dénonciation du « pélagisme », puis du kan-
tisme et, à travers eux, de toutes les morales du devoir qui
entendent exprimer les objectifs de l'éthique en termes
d'effort, d'impératif, de loi...

C'est par cette médiation de la psychanalyse que se
dégage une seconde conception du divin : pour répondre
à l'angoisse inhérente à la solitude de l'être humain il
faut admettre le « postulat » d'un Dieu personnel, qui
nous aime, prend soin de nous, et nous donne l'immortalité. La question de savoir comment cette image de Dieu
peut se réconcilier avec la première reste entière. Mais
surtout, elle confirme, de façon inquiétante pour les chré-

---

1. Cf. sur ce point l'article de Françoise Champion et Martine
Cohen, in *Le Débat*, Gallimard, mai-août 1993.

tiens « traditionnels », la sentence de Voltaire : à trop vouloir faire de Dieu une réponse aux attentes de l'homme, on risque de le réduire à une simple projection subjective de nos besoins. Crainte d'autant plus justifiée qu'elle concorde parfaitement avec la lecture des Évangiles en termes de symboles, et non de faits historiques. De Feuerbach à Freud en passant par Marx, les critiques les plus virulents de la religion ne s'y prendront pas autrement : celle-ci n'est qu'une création humaine « fétichisée », au sens que Marx donne à ce concept. Nous avons produit l'idée dont nous avions besoin et, oubliant ce processus de production, nous cédons à l'illusion de l'existence objective du produit.

Reste qu'au travers de cette humanisation du divin, sans cesse recherchée par Drewermann, c'est une des exigences les plus fondamentales de l'univers laïque qui se trouve, sinon satisfaite, du moins prise en compte : celle d'une spiritualité compatible avec cette liberté de conscience et cette autonomie que le refus des arguments d'autorité nous invite à penser. La religion entre ainsi dans l'orbite d'une des visions morales qui dominent l'univers contemporain : l'éthique de « l'authenticité » et du souci de soi qui sacralise l'homme au point qu'elle en vient à sommer le divin de ne plus apparaître sous les espèces de « l'hétéronomie », désormais assimilée au « dogmatisme ». Ce n'est plus dans un terme grandiose, situé radicalement hors de l'humanité, qu'il faut chercher le divin, mais dans l'amour qui est au cœur de chacun d'entre nous : « Seul l'amour, écrit Drewermann, croit en l'immortalité. Cela nous ne pouvons l'apprendre qu'aux côtés d'une personne qui nous aime comme nous l'aimons. On ne peut accéder au ciel qu'à deux [1]... » Le message, porté par une véritable lame de fond, consterne l'institution. D'autant qu'à l'humanisation du Divin dans la théologie répond, dans la société contemporaine, celle du Malin...

---

1. *Sermons pour le temps pascal*, p. 94.

Les métamorphoses du Diable

Que viendrait faire Satan en cette fin de siècle, à l'aube d'un « an 2000 » porteur il y a peu encore de toutes les belles promesses qui furent celles des Lumières : les progrès de la civilisation portés par ceux des sciences et des techniques, la raison enfin victorieuse de la superstition, la liberté d'esprit émancipée des autorités cléricales, la paix perpétuelle ? Le Diable n'a-t-il pas disparu de nos croyances au point que la plupart des chrétiens eux-mêmes ne voient plus en lui qu'une métaphore imagée ? Jusqu'aux débuts du XVIIIᵉ siècle encore, les catholiques, récitant le « Notre Père », suppliaient le Très-Haut de les délivrer du « Malin ». C'est ainsi, du moins, qu'ils s'exprimaient. De façon significative, la formule a disparu de la fameuse prière, elle s'est transformée, pour ainsi dire humanisée, comme si, parallèle à la sécularisation du divin, celle du Démon faisait aussi son chemin : le croyant moderne ne demande plus à son Dieu que de le délivrer du « Mal ». Première métamorphose du Diable : sa personnification s'est évanouie au fil du temps.

Et pourtant rien n'y fait : la seule évocation de ce qui se passe au Rwanda ou en Bosnie laisse le sentiment irrépressible que si le Diable est mort, nous sommes loin d'en avoir fini avec le démoniaque. Il y a bien de la différence entre faire *du* mal et faire *le* mal. La distinction n'est pas nouvelle : Platon, déjà, soulignait comment le médecin devait infliger parfois des souffrances à son patient, sans pour autant faire à son égard la moindre preuve de méchanceté. À vrai dire, il doutait même, comme son maître Socrate, que l'homme pût faire le mal volontairement, le prendre en tant que tel comme projet. Or c'est justement là le soupçon qui aujourd'hui encore ne laisse pas d'inquiéter. Car ce n'est pas seulement le spectacle du malheur des autres qui coupe peu ou prou la parole et l'appétit, mais le fait d'avoir la conviction, sans parvenir à bien en cerner les motifs, que les fléaux qui s'abattent sur les êtres humains ont été voulus comme tels, presque pour eux-mêmes. Comme s'il existait une logique de la haine[1], dépassant de très loin l'identification des premiers « responsables » d'un conflit, quel qu'il soit. Les viols, les assassinats gratuits, les massacres massifs et les tortures les plus sophistiquées sont monnaie courante ici et là, dans le camp des bourreaux comme, bientôt, si l'occasion s'en présente, dans celui des victimes. Cela dit non pour occulter les responsabilités politiques des uns ou des autres, mais bien pour souligner que le plus surprenant, pour nous qui sommes bercés par la relative douceur de sociétés pacifiées, c'est que les exactions ne soient pas des exceptions, qu'elles deviennent la norme et qu'il se trouve, au final et de tous côtés, des milliers d'individus pour y avoir participé.

L'étrange est que parfois (toujours ?), ces forfaits semblent étrangers aux finalités de la guerre proprement dite. Pourquoi faudrait-il, pour emporter la victoire, contraindre des mères à mettre leurs bébés vivants dans une bétonneuse comme on nous assure que ce fut le cas en Bosnie[2] ? Pourquoi découper des nourrissons à la machette pour caler des caisses de bière ou leur scier le crâne devant leurs parents comme le firent les Hutus ? Pourquoi torturer son ennemi avant de l'exécuter, si exécution il doit y avoir ? Que le soldat, plus encore que le médecin de Platon, soit contraint de « faire du mal », chacun en convient. Et c'est pourquoi, en principe, la guerre est haïssable. Mais, jusque dans ce cas extrême, sans conteste plus désespérant que celui de la médecine, il n'est pourtant pas, en toute rigueur, nécessaire de « faire le

---

1. Que Jean-Luc Marion a analysée dans ses *Prolégomènes à la charité*, éditions de La Différence, 1986.
2. Voici, à titre d'exemple, un extrait de l'acte d'accusation dressé en novembre 1995 contre certains dirigeants serbes par le Tribunal pénal international pour l'ex-Yougoslavie : « Des milliers d'hommes ont été exécutés et enterrés dans des charniers, des centaines d'autres enterrés vivants, des hommes et des femmes ont été mutilés avant d'être massacrés, des enfants tués sous les yeux de leur mère, un grand-père contraint, sous la menace, à manger le foie de son petit-fils... » Ce document est important car il est établi par des juristes professionnels qui ne peuvent s'appuyer que sur des témoignages et des preuves irréfutables. C'est dire l'ampleur de ces désastres, d'autant que l'acte d'accusation en question ne porte que sur un seul et unique épisode de la guerre : la chute de Srebrenica, en juillet 1995.

mal » pour vaincre. Il existe, jusqu'au sein du conflit le plus tragique et le plus brutal, une éthique du soldat qui n'est pas obligé, pour faire une sale besogne, d'être toujours un salaud. L'héroïsme, le courage, mais aussi l'esprit de chevalerie, voire de compassion peuvent conserver une certaine place.

Or tout se passe comme si la guerre fournissait l'occasion de glisser insensiblement, en toute impunité, du mauvais au méchant, comme si le mal n'était plus un moyen mais une fin, non plus une réalité tragique mais un passe-temps, pour ne pas dire un exaltant projet... Ce n'est donc pas tout à fait par hasard ou par superstition que la théologie parlait de « méchanceté ». Kant lui-même, qui partageait sans toujours l'avouer les idées de Socrate, pensait qu'elle était le fait du Démon. L'un de ses disciples, Benjamin Ehrard, alla jusqu'à imaginer, dans un étrange opuscule intitulé _L'Apologie du Diable_, quels devraient être les principes d'action d'un être qui choisirait de n'accomplir, sans faille ni hésitation d'aucune sorte, que des actions mauvaises. Ces principes ne pouvaient bien sûr qu'être ceux de l'Antéchrist...

Aujourd'hui encore, tout à sa lutte contre les catholiques « modernistes » soucieux d'accommoder le christianisme au goût du jour, l'Église maintient le dogme avec fermeté : le Diable possède une existence réelle. N'en déplaise à Drewermann et aux théologiens gagnés par la psychanalyse, l'Adversaire n'est pas un symbole à interpréter, une entité psychique produite par notre inconscient, mais bel et bien le Prince des démons, sinon en chair et en os, puisqu'il s'agit d'un esprit, du moins suffisamment puissant pour s'incarner dans le corps d'un homme et engendrer le phénomène bien tangible de la « possession ». La pratique de l'exorcisme, pour archaïque qu'elle puisse paraître, n'a donc rien de superflu[1].

---

1. C'est là ce dont témoigne le renouveau des ouvrages qui lui sont consacrés avec la bénédiction officielle des plus hautes autorités cléricales. Citons, entre autres, ceux du Père Dom Armoth, l'exorciste du diocèse de Rome _(Un exorciste raconte,_ éditions F.X. de Guibert, 1993), de Georges Morand, l'aumônier d'un grand hôpital parisien _(Sors de cet homme, Satan,_ Fayard, 1993) ou encore celui du Père

C'est là du moins ce que rappelle un document de la Sacrée Congrégation publié en 1975 sous le titre « Foi chrétienne et démonologie ». C'est là, surtout, ce que Paul VI lui-même soulignait dans un discours en date du 15 novembre 1972 : « Quiconque n'admet pas l'existence du démon ou la considère comme un phénomène indépendant n'ayant pas, contrairement à toute créature, Dieu pour origine, ou bien encore la définit comme une pseudo-réalité, comme une personnification conceptuelle et fantastique des origines inconnues de nos maladies, transgresse l'enseignement biblique et ecclésiastique... » Contre les manichéens et autres disciples de Zoroastre, il faut donc maintenir l'idée que c'est bien Dieu, et nul autre, qui a créé le Diable — sans quoi il y aurait deux principes égaux et le divin ne serait plus le « Tout-puissant » ; mais pour ne pas attribuer au Seigneur la création du mal comme tel, ce qui serait sacrilège, il faut admettre que Satan, ange sublime à l'origine, ne doit sa malignité qu'à lui-même et à son libre choix du mal[1].

Malgré les efforts du Pape, l'Adversaire est descendu sur terre. L'humanisation du divin, l'intériorisation des contenus religieux par l'esprit humain fut aussi intériorisation du Malin. Rousseau, toujours prompt à saisir les failles de l'histoire, l'avait compris et formulé parmi les premiers : « Homme, ne cherche plus l'auteur du mal, écrivait-il dans l'*Émile* : cet auteur c'est toi-même. Il n'existe point d'autre mal que celui que tu fais ou que tu souffres et l'un et l'autre te viennent de toi[2]. » Cette sécularisation a eu lieu et le discours de l'Église convainc de moins en moins. Pourtant, le mal radical ne s'est pas contenté de passer du démoniaque à l'humain, d'une personne spirituelle à une personne charnelle. Une seconde métamorphose a eu lieu : le démoniaque semble avoir

Louis Costel, pourfendeur du Malin dans le diocèse de Coutances (aux éditions Ouest-France, 1993, en collaboration avec Daniel Yonnet).

1. Parmi les redoutables difficultés posées sur le plan théologique par l'hypothèse de Satan, on mentionnera encore celle qui occupa le philosophe italien Giovanni Papini dans son fameux livre sur le Diable : le christianisme prêchant l'amour de son ennemi peut-il exclure le Démon de cet amour ? Je remercie Nicolaus Sombart d'avoir attiré mon attention sur cet ouvrage aussi curieux qu'intelligent.

2. *Émile*, Pléiade, IV, 588.

aujourd'hui quitté la sphère *personnelle* en général, ne plus être imputable à un sujet, de quelque ordre qu'il soit, mais seulement au contexte, au milieu social, familial ou autre qui l'aurait engendré. Il n'est pas certain, malgré l'apparence, que le « progrès » ainsi accompli par la raison contre la superstition soit univoque. Mais le discours contextualiste gagne de toute part. Même Hannah Arendt, pourtant peu suspecte de sympathie pour le déterminisme des sciences humaines, s'est rendue à l'idée d'une « banalité du mal[1] » : petit fonctionnaire consciencieux, bon père et bon époux, Eichmann aurait accompli sa tâche « sans y penser », de manière instrumentale et mécanique, comme s'il se fût agi de n'importe qu'elle entreprise ordinaire... Je suis convaincu du contraire et, tout bien pesé, je me demande si la théologie, là encore, n'avait pas atteint une vérité autrement plus profonde que celle de nos discours contemporains, en dénonçant la « méchanceté » dans une entité *personnifiée*, en attribuant la volonté de faire le mal comme tel à un sujet conscient... Je ne prétends pas que le mystère du mal fût par là dissipé, mais au moins était-il nommé et demeurait-il, même pour les non-croyants, une question. Baudelaire disait du Diable que sa plus belle ruse consiste à nous persuader qu'il n'existe pas. Tout donne à croire que cette ruse a marché, qu'elle nous a convaincus.

La déshumanisation du mal ou la réduction au contexte : le discours de l'avocat

Lorsqu'un crime particulièrement horrible défraie la chronique — un crime comme il en arrive aussi chez nous, bien sûr, mais comme on en organise tous les jours à grande échelle dans les pays en guerre — l'avocat se découvre volontiers disciple des sciences humaines. Les

---

1. Comme je l'avais suggéré dans *Philosophie politique II*, il existe en vérité deux figures de la négation de la subjectivité et, par là même, du mal : celle du déterminisme et celle, tout aussi redoutable, des déconstructions de la « métaphysique ». C'est évidemment à ce second courant, d'inspiration heideggérienne, que se rattache Arendt lorsqu'elle plaide l'idée, à mes yeux malheureuse, d'une banalité du mal.

explications sociologiques ou psychanalytiques s'imposent d'elles-mêmes dans l'établissement des circonstances atténuantes : il fait alors valoir le « lourd passé » d'un assassin qui devient bientôt la victime d'une société, d'un milieu, d'une famille, d'un héritage génétique, ou même d'un pouvoir politique qui l'auraient fabriqué. L'argument est si rituel, si bien codé, qu'il se tourne lui-même en dérision. Ainsi de cet avocat qui, plaidant en faveur d'un fils meurtrier de ses parents, s'exclame face au jury : « Comment, vous n'allez tout de même pas condamner un orphelin ! » Si la plaisanterie nous parle, c'est, comme toujours, parce qu'elle en dit plus long qu'il n'y paraît. À vrai dire, elle dit même beaucoup : car ce sont toutes les sciences humaines, c'est-à-dire l'essentiel (en quantité du moins) des discours aujourd'hui consacrés à l'être humain, qui sont implicitement convoqués dans la plaidoirie. Ultime métamorphose du Diable : contre les religions qui situaient le mal dans une entité personnelle transcendante, mais aussi contre l'humanisme à la Rousseau, qui se contentait de le déplacer vers l'être humain au risque de diaboliser ce dernier, les sciences humaines opèrent un pas supplémentaire dans la sécularisation du Malin : c'est au sein d'un contexte, d'un « milieu » comme on dit si bien, qu'elles nous invitent aujourd'hui à le chercher. Comme si l'homme, au fond irresponsable de ses actes, n'était jamais que le produit d'une série d'histoires croisées : celle de sa classe et de sa nation, de sa famille et de sa culture, ou encore, avec l'arrivée sur le marché de la « sociobiologie », celle de ses gènes et de ses hormones... Et la machine intellectuelle ainsi mise en place fonctionne tant et si bien que le Mal, en dernière instance, ne se trouve plus nulle part.

De là le sentiment d'un formidable décalage entre ce que nous observons et ce que nous sommes capables de penser. Abîme séparant la réalité, presque quotidienne, de l'horreur qui nous entoure, et les concepts qui, en prétendant la saisir, la réduisent à néant... Abîme d'autant plus énigmatique pour nous, démocrates, qu'il possède des racines au plus profond de nos représentations modernes de l'être humain.

Fascinées par l'égalité, nos sociétés démocratiques ont

en effet dû rejeter — et c'est à certains égards heureux
— l'idée qu'il existerait une aristocratie du bien et du
mal. « Les hommes naissent libres et égaux en droit. » Et
si ce droit doit avoir quelque équivalent dans les faits, il
nous faut bien supposer qu'on ne naît pas irrémédiablement bon ou mauvais, mais qu'on le devient en fonction
des circonstances. L'idée d'un mal « par nature » nous
répugne, et c'est pourquoi aussi, pensant que jamais rien
n'est joué de toute éternité ni pour toujours, nous avons
fini par abolir cette peine de mort qui ne laisse guère de
chances à la perfectibilité du criminel. C'est aussi dans
cette optique que furent élaborés les instruments concep-
tuels permettant de réduire le mal à des situations déter-
minantes qui le produiraient presque mécaniquement. Il
est vrai qu'il nous devient ainsi plus intelligible, moins
mystérieux et moins troublant car explicable par une
chaîne de raisons causale. Mais au moment même où
nous croyons l'identifier, il nous glisse entre les mains :
engendré par une histoire *extérieure* à l'individu, il ne
peut, en définitive, être imputé à personne.

Cette procédure de réduction aux déterminismes possède aujourd'hui mille visages. Elle constitue tant et si
bien l'idéologie dominante que certains en sont venus, au
nom des sciences sociales, à « banaliser » les plus incontestables figures du mal contemporain. Ainsi en va-t-il
du nazisme, pourtant situé dans l'imaginaire collectif au
sommet du palmarès des méfaits de ce siècle. L'affaire
fit grand bruit en Allemagne, où elle déchaîna, dans les
années soixante-dix déjà, une polémique d'une rare viru-
lence. Elle mérite qu'on s'y arrête un instant, tant elle
possède ici valeur de paradigme.

Soucieux de dépasser le stade de la simple indignation
morale, certains historiens formèrent le projet de recourir
à la sociologie pour tâcher enfin de comprendre, ou plutôt
d'expliquer comment Hitler en était venu à la mise en
œuvre de la « solution finale ». L'hypothèse de la « folie » leur semblait insuffisante, trop personnelle, au fond,
pour rendre compte d'un phénomène social et politique
d'une telle envergure. Ils envisagèrent donc de mettre au
jour les *mécanismes* par lesquels le système politique du
Troisième Reich aurait pu *engendrer* le génocide, de

dévoiler, par conséquent, le *contexte et le mode de production* du crime contre l'humanité. Hans Mommsen et Martin Broszat[1], pour les nommer, sont des libéraux progressistes qu'aucune sympathie, fût-elle inconsciente, ne relie à l'idéologie nazie. Ils ne cessent au contraire de souligner l'aversion qu'elle suscite en eux comme en chacun d'entre nous. Tous deux sont aussi d'excellents historiens, reconnus comme tels par leurs collègues. Mais, et là est l'essentiel dans l'affaire, c'est le recours aux sciences humaines qui pousse naturellement, si l'on n'y prend garde, à la banalisation. En démontant les rouages du pouvoir national-socialiste, en analysant la compétition féroce qui opposait alors les différents groupes, la fragmentation des processus de décisions, etc., Mommsen et Broszat en vinrent peu à peu à tracer de Hitler un singulier portrait : celui d'un « dictateur faible », irresponsable de choix politiques qui furent l'effet d'une infinité de micro-décisions et de mini-dérives déterminées de façon quasi mécanique par le fonctionnement de la vie politique allemande. Victoire absolue du contexte, en somme, sur la responsabilité des hommes, puisque le seul véritable coupable, en dernière instance, n'était autre que le « Système », c'est-à-dire personne ! Si la thèse fit scandale, notons-le encore, ce n'est pas tant qu'on lui reprochât sa fausseté, mais tout au contraire parce qu'on la suspectait d'être assez vraie pour légitimer la banalisation du crime : en montrant qu'il était déterminé de l'extérieur, avec une rigueur implacable et indépendante des *intentions* affichées par les politiques, on retirait la responsabilité aux hommes pour la situer dans une entité abstraite. Mommsen et Broszat confirmaient ainsi la thèse arendtienne de la « banalité du mal »...

Contre une analyse construite à l'aide de la sociologie[2],

---

1. Pour avoir un aperçu, clair quoique tendancieux, de cette fameuse querelle, on peut se reporter à l'article de Tim Mason paru dans *Le Débat* (Gallimard) de septembre 1982 sous le titre *Banalisation du nazisme ?*

2. Fonctionnaliste, en l'occurrence. Mais eût-elle été d'inspiration marxiste que le résultat aurait été exactement le même : car c'est la mise au jour des déterminismes qui, en tant que telle, affaiblit l'idée de responsabilité et conduit à déshumaniser le mal.

d'autres historiens [1] firent donc valoir la nécessité de réhabiliter la volonté et le rôle des grands hommes, fussent-ils, en l'occurrence, de grands criminels. Ce n'est pas tant la mécanique politique qu'il fallait considérer, mais bien ces fameuses « intentions affichées » dont la sociologie aurait voulu faire l'économie. C'est dans la vision du monde des dirigeants nazis, dans leur *Weltanschauung* qu'on pouvait déjà lire un avenir sinistre qui, au total, s'est avéré conforme à ses funestes prémisses. Ces historiens furent, comme on pouvait s'en douter, taxés de conservatisme, de résistance archaïque aux progrès de la connaissance scientifique...

Je ne prétendrai pas ici trancher le débat. Seulement souligner l'un de ses enjeux majeurs, perceptible même pour le grand public : l'approche « scientifique » du monde humain, de ce monde que Dilthey désignait encore comme un « monde de l'esprit » pour le protéger des sciences de la nature, tend à l'objectivité. Le terme doit être entendu au sens fort : pris comme objet, l'homme est réifié, transformé en simple chose, et ses comportements, qu'ils soient bons ou mauvais, voire méchants, ne sont plus, après analyse, que les résultats de mécanismes inconscients et aveugles. Le plaidoyer de l'avocat y gagne, bien entendu. Son discours s'enrichit puisqu'il dispose enfin d'arguments solides pour rejoindre l'adage socratique : nul, c'est maintenant prouvé, n'est méchant volontairement ! Mais le monde de l'esprit y perd, et nous ne comprenons plus ce qui oppose l'action humanitaire, au sens le plus large du terme, à celles que nous jugeons « inhumaines ». Au fur et à mesure que la responsabilité du Mal nous est ôtée, nous sommes aussi, et pour les mêmes raisons, déchargés de celle du Bien. Si nul n'est plus méchant volontairement, si tout est affaire de détermination par le contexte, nul n'est bon non plus que par l'effet d'une situation favorable. La responsabilité de l'homme s'évanouit, mais le Bien et le Mal avec elle. Les métamorphoses du Diable peuvent enfin s'achever. Sa ruse a pleinement réussi.

Est-il encore permis, même si tout s'y oppose, d'en

---

douter ? Les interprétations suggérées par la sociologie et les autres sciences humaines ont sans doute leur vérité. Qui pourrait nier aujourd'hui que l'environnement social ou affectif, pour ne rien dire de notre héritage génétique, ait un rôle conscient ou inconscient dans nos comportements ? Pourtant le soupçon s'introduit que ces considérations scientifiques sont, à jamais, incomplètes, qu'elles laissent toujours échapper une part (l'essentiel ?) de ce qu'elles prétendent saisir exhaustivement. On a tort, pour le dire d'une formule, de confondre une *situation*, qui peut favoriser certains comportements mais non les contraindre en toute nécessité, avec une *détermination* qui les engendrerait de façon mécanique et irrésistible. Comment croire sérieusement que ceux qui décident d'élever le viol et la torture au rang de principes politiques ne sachent pas ce qu'ils font ? Comment accepter qu'ils deviennent, non plus les bourreaux mais les victimes d'une histoire « difficile » ? On peut bien admettre, à la rigueur, que les brutes remplies d'alcool qui font sur le terrain la sale besogne soient motivées par des pulsions sadiques mal contrôlées, la propagande nationaliste ou l'action des drogues sur les neurotransmetteurs. On dit même que l'une d'entre elles, utilisée par les soldats russes en Tchétchénie, répondrait au doux nom de « férocine ». C'est possible. Mais ceux qui prescrivent cette « férocine », qui planifient les massacres dans leur bureau, qui intiment l'ordre de raser un village, sachant ce que cela signifie sur le terrain ? L'hypocrisie avec laquelle ils nient recourir à de tels moyens n'est-elle pas, selon la formule consacrée, l'hommage que le vice rend à la vertu ? Expliquer leur comportement par le dérèglement de leur libido ou les difficultés de leur vie infantile serait dérisoire au regard de l'ampleur politique du phénomène. Mais s'en remettre aux explications sociologiques reviendrait à se heurter au mystère de la diversité : tous les Serbes n'ont pas cédé au national-communisme, pas plus que les Croates ne se reconnaissent de manière unanime dans leurs leaders fascisants. Toute situation peut, c'est vrai, déterminer. Aucune n'est à elle seule rigoureusement déterminante. À preuve l'existence, même marginale, de dissidents et de résistants dans tous les régimes totalitaires...

Il est heureux, du reste, que certains représentants des sciences humaines aient assez de lucidité et de courage intellectuel pour en convenir. Mais il leur faut s'opposer aux courants dominants qui les constituent. L'une des pentes de la psychanalyse, notamment, eût été sans nul doute au réductionnisme le plus radical. Le grand Freud lui-même ne s'en est pas privé. De la personnification du Mal, il ne nous dit le plus souvent que des banalités : le Diable, c'est l'inconscient, la « contre-volonté », la libido, le sexe, les pulsions refoulées, un mauvais père, et autres découvertes dignes d'un étudiant de première année. Par exemple, dans cette lettre à Fliess de janvier 1897 : « J'ai trouvé l'explication du vol des sorcières ; leur grand balai est probablement le grand seigneur Pénis... » Bien joué, mais le fil blanc ne pouvait passer éternellement inaperçu. Lorsque Freud introduit dans sa réflexion le mécanisme de la « projection » et surtout l'instinct de mort, il s'approche sans doute davantage de la question. Mais le mystère n'en subsiste pas moins, car le mal n'est pas une simple émanation de l'esprit, un mécanisme purement psychique : il relève d'une extériorité bien réelle, comme le reconnaît, non sans une certaine humilité, l'un des meilleurs analystes d'aujourd'hui, André Green. À l'issue d'un bel article intitulé de façon significative « Pourquoi le mal ? », Green conclut de la façon suivante, qui vaut d'être méditée : « ... Je demeure convaincu que le mal existe et qu'il n'est pas une défense ou une attitude de façade, ou le camouflage d'une psychose. Il faut aller chercher le mal là où il sévit. Dans le monde extérieur... J'ai voulu montrer qu'à notre insu, ou sans que nous y prêtions attention, nous étions assiégés non seulement par la violence, constat banal, mais par le mal. Des rationalisations sociologiques ou politiques peuvent proposer des explications. Quand on met celles-ci à l'épreuve, elles ne tiennent pas... » Évoquant les victimes de la Shoah, celles auxquelles le destin permit de survivre, Green ajoute encore ceci : « Tout indique à travers leurs témoignages qu'ils n'ont toujours pas compris. Et nous encore moins [1]. »

---

1. In « Le Mal », *Nouvelle Revue de Psychanalyse*, Gallimard, n° 38, automne 1988. On pourrait donner d'autres exemples d'interprétations

Le mal est donc sans pourquoi : cette « réponse » décevra les scientifiques. Elle est pourtant moins triviale qu'il y paraît. Elle suggère que le mystère gît, selon la formule de Kant, dans les profondeurs de l'âme humaine. Elle signifie surtout qu'il *doit* y avoir un mystère du mal, comme d'ailleurs du bien, pour que ces deux termes constitutifs de l'idée même de moralité puissent tout simplement recevoir un sens. Tous deux sont des excès baroques par rapport à la logique de la nature. La comparaison avec le règne animal est singulièrement éclairante : pas plus qu'ils ne sont à proprement parler méchants, même lorsqu'ils infligent à leurs semblables les pires souffrances (et les exemples abondent de la « cruauté » du monde animal), pas davantage les animaux ne sont capables de cette générosité inattendue, j'allais dire inespérée, qui est parfois le fait des êtres humains. Aussi dévoués et affectueux qu'ils puissent être, tout reste prévisible et réglé, pour ne pas dire inéluctable dans leur comportement. Mais l'homme est, par excellence, l'être d'antinature[1] ou, pour mieux dire, le seul être de nature (car il est aussi un vivant animal), qui non seulement ne soit pas programmé par ladite nature, mais puisse s'opposer à elle. Et c'est là le mystère de sa liberté entendue comme capacité de transcender le cycle naturel de la vie instinctuelle. « Excès », c'est dire aussi transcendance : si le bien et le mal sont mystérieux, aussi inattendus parfois qu'incompréhensibles, c'est qu'ils doivent l'être pour exister. C'est parce qu'ils ne sont pas animés par cette mystérieuse liberté, par cette incompréhensible indépendance à l'égard de la nature, que les automates, et même les animaux, ne sont capables ni du bien ni du mal : ils sont déterminés, par une mécanique ou par un instinct, à vivre et à se comporter selon les lois intangibles et immuables qui sont celles de leur espèce depuis des millénaires. L'être humain, lui, n'est totalement programmé par aucun

non réductionnistes des sciences humaines. On sait, notamment, toute la place accordée par la sociologie d'Alain Touraine à la liberté des « acteurs ».

1. Sur cette définition du propre de l'homme, et sur la comparaison avec le règne animal quant au problème de la liberté, du bien et du mal, cf. *Le Nouvel Ordre écologique*, Grasset, 1992, première partie.

code. Comme le disait Rousseau, il échappe si bien à la loi suprême de la nature, celle de la conservation de soi, qu'il peut se suicider, se sacrifier, commettre des excès jusqu'à en perdre la vie ! Et c'est dans son œil, ajoutait Fichte, que se lit cette indétermination fondamentale qu'implique une liberté qui, sans cesse, peut choisir d'être liberté pour le bien ou liberté pour le mal. À la différence de celui des oiseaux, qui est semblable à un miroir, l'œil humain, par une qualité inexplicable, se laisse pénétrer par le regard de l'autre et s'avère porteur d'un sens dont nul ne peut décider a priori quel il sera. Mystère abyssal de la liberté humaine, disait Kant, mais mystère nécessaire : pour les mêmes raisons qu'il n'est pas d'éloge flatteur sans liberté de blâmer, le bien moral est inséparable de la possibilité du mal, c'est-à-dire de ce postulat mystérieux selon lequel l'homme possède, en dernière instance, une insondable liberté de choix.

D'un comportement marqué par la méchanceté, on dit sans même s'en rendre compte qu'il est « inhumain ». On pousse même le ridicule et le mépris du sens exact des mots jusqu'à le déclarer « bestial ». La bévue est colossale : non seulement le mal est humain, mais il est même l'un des propres de l'homme, l'une de ses différences les plus spécifiques d'avec les autres êtres. On ne rencontre point d'assassins chez les bêtes. Il existe en revanche, à Gand, en Belgique, un bien étrange et inquiétant musée : celui des tortures. On y trouve d'innombrables instruments, tous destinés à infliger à d'autres êtres humains les plus grandes souffrances qui se puissent inventer. Or ce qui frappe, en ces lieux sinistres, c'est justement la richesse inépuisable de l'imagination humaine lorsqu'il s'agit de nuire. Alexis Philonenko a tenté de la décrire [1]. Il en a conclu, à juste titre, qu'elle n'avait rien que d'humain, de trop humain hélas... Voici l'énigme absolue du mal, le pourquoi du malaise qu'il suscite pour toute réflexion philosophique : c'est par ces mêmes hommes que nous divinisons qu'il advient aux autres hommes. À la figure de l'homme-Dieu répond celle de l'homme-Diable. Entre la religion, qui représentait le démoniaque sous

1. Alexis Philonenko, *L'Archipel de la conscience européenne*, Grasset, 1990, p. 108 sq.

les traits d'une entité personnifiée, et les sciences humaines qui tendent à son anéantissement pur et simple, se dessine ainsi un troisième ordre du discours : celui qui, au sens le plus fort, humanise le mystère du mal, c'est-à-dire l'intériorise, sans pour autant prétendre en avoir fini avec lui. De là l'urgence et la difficulté des réactions morales, humanitaires ou autres, que suscite la perception du mal en tant que tel : sécularisée, l'éthique est-elle encore capable de puiser en elle les forces nécessaires à un combat victorieux ? Ne vivons-nous pas au contraire, effet inéluctable de l'humanisation du divin, l'ère de « l'après-devoir », la fin des grandes ardeurs et des engagements décisifs pour le Bien ? La question, en effet, mérite d'être posée...

CHAPITRE II

LA DIVINISATION DE L'HUMAIN : LA SÉCULARISATION DE L'ÉTHIQUE ET LA NAISSANCE DE L'AMOUR MODERNE

Cette fin de siècle aimerait, non sans ostentation parfois, se situer sous les auspices flatteurs d'un « retour de l'éthique ». Comme par un singulier contraste avec l'atmosphère ambiante, le discours des valeurs s'affiche partout : dans la reviviscence des organisations caritatives, les combats contre le racisme et « l'exclusion », l'exigence d'une déontologie plus rigoureuse pour les médias, d'une moralisation de la vie économique et politique, dans le souci de l'environnement, la montée du pouvoir des juges, la bioéthique, la lutte pour la protection des minorités, contre le harcèlement sexuel, l'avortement, le tabagisme... La liste n'en finit pas de ces nouveaux impératifs qui, semble-t-il, pourraient rendre crédible l'idée d'une préoccupation nouvelle et généralisée pour le bien, sinon d'un « angélisme exterminateur [1] ».

Mais pour autant, répliquent certains, l'éthique pure et dure, celle du devoir catégorique et déchirant n'est plus nulle part. La rhétorique des obligations austères, la philosophie du « tu dois donc tu peux », le rigorisme républicain auraient fait long feu, cédé le pas à la logique individualiste de la compétition, de la consommation et du bonheur, bref, à une exigence d'authenticité, de proxi-

---

1. Cf. Alain-Gérard Slama, *L'Angélisme exterminateur*, Grasset, 1993.

mité avec soi-même qu'on nommerait « éthique » par antiphrase ! La fin de l'enracinement des normes morales dans l'univers rigoureux d'une religion révélée ou même dans celui d'un simple civisme laïc signifierait, au terme du processus, sinon l'avènement du laxisme, du moins la liquidation des notions d'effort et de sacrifice au profit d'un égoïsme universel. Voyez d'ailleurs la lâcheté des démocraties dès lors qu'il s'agit de défendre leurs propres principes ! Voyez encore la montée des corporatismes, la désertion civique[1] des simples citoyens et, au plus haut niveau même, la multiplication des « affaires ». Ici comme ailleurs, c'est la « baisse du niveau » qui serait la règle... Le souci de sa propre personne, de son bien-être et de celui des proches, la concurrence effrénée, la recherche du confort matériel et psychologique auraient ainsi remplacé, par érosion du sentiment de dépendance radicale à l'égard du divin ou de la Nation, l'antique exigence du don de soi. La vérité des éthiques laïques se lirait dans ce « crépuscule du devoir » dont le monde moderne, univers de compétition et de consommation, nous offrirait le permanent spectacle.

Progrès moral ou « crépuscule du devoir » ?

Déclin ou retour de l'éthique, progrès moral ou effondrement de l'humanité dans l'individualisme et la consommation infinie ? Le débat, parallèle à celui qui porte sur la culture moderne, ne cesse de hanter la réflexion contemporaine. Chaque saison littéraire vient le relancer par de nouveaux essais qui tentent d'apporter leur contribution décisive et viennent relativiser l'optimisme des tenants d'une « génération morale ».

À l'origine de ces interrogations légitimes : l'apparition, au cours des années soixante, d'une vision du monde caractérisée par une prétention à « l'authenticité » et réclamant, au nom du respect des individus, l'éradication de tous les dogmatismes, qu'ils soient d'origine morale

---

1. Selon une expression que j'emprunte à Marcel Gauchet.

ou religieuse. Selon Gilles Lipovetsky[1], l'avènement
d'une telle éthique, loin d'être un épisode superficiel, cir-
conscrit aux seules années soixante, marquerait l'aboutis-
sement ultime du long processus de sécularisation qui
mène, depuis le XVIIIᵉ siècle, vers la laïcité achevée. Les
nouvelles exigences d'autonomie individuelle se tradui-
raient par la ruine des idéaux sacrificiels qui dominaient
encore les premières morales laïques, républicaines et
rigoristes. Le diagnostic qu'il pose mérite réflexion. Non
seulement par son intérêt intrinsèque, mais aussi parce
qu'il vient récuser, comme par avance, l'idée selon
laquelle de nouvelles figures du sacré pourraient animer
les valeurs contemporaines. Pour que les mots cessent de
résonner comme des slogans, sans doute faut-il commencer par définir plus concrètement la catégorie d'authenticité.

L'éthique de l'authenticité

Elle recouvre, d'abord, cette exigence anti-aristocrati-
que qui transparaît déjà si manifestement dans les mouvements contestataires des années soixante. Le monde
ancien, l'univers politique avec lequel la Révolution française entendait rompre, fut de part en part dominé par la
notion de hiérarchie. Des êtres, bien sûr, ce qui fondait la
féodalité, mais aussi des normes — les divines étant
tenues pour supérieures aux humaines. Il n'est pas de
mouvement démocratique qui n'ait, depuis deux siècles,
insisté tout à la fois sur la nécessité de promouvoir davantage d'égalité et de laïcité. Mai 68 n'échappe pas à la
règle. Les hiérarchies sociales, politiques, morales, esthétiques, culturelles n'en continuaient pas moins de s'imposer à tous (ou presque) comme des évidences. C'est là ce
que dénonce au premier chef l'éthique de l'authenticité :
telle qu'elle apparaît au cour des années soixante, elle
entend promouvoir, contre l'antique notion d'excellence,
le projet d'une égalisation absolue des valeurs et des con-

---

1. *Le Crépuscule du devoir. L'éthique indolore des nouveaux temps
démocratiques*, Gallimard, 1992.

ditions. Un exemple, hautement symbolique, suffira ici à se faire comprendre : il n'y a plus de différences à faire entre de « bonnes » et de « mauvaises » pratiques sexuelles. Telle est la signification de la fameuse libération revendiquée par la jeunesse : il faut en finir, en cette matière comme en toute autre, avec la notion normative et « répressive » de hiérarchie. Il n'est plus aucune norme naturelle, religieuse, juridique ou autre qui vaille, mais seulement l'exigence, elle-même perçue comme seule authentiquement morale, de laisser chacun être soi-même, pourvu qu'il le soit véritablement. C'est pourquoi le motif égalitariste, compris comme un droit à l'authenticité pour tous, s'associe volontiers à l'idée d'un « droit à la différence ». Dans le champ culturel, le mot d'ordre trouve de nombreux équivalents : il faut abolir toute « distinction » entre la musique savante et la musique « pop », entre le roman traditionnel et la B.D., entre l'Occident européen et les peuples du Tiers-Monde, bref, entre tout ce qu'on eut le tort de traiter sous les catégories, encore aristocratiques, de « haute culture » et de « sous-culture ». Il ne s'agit pas de juger ici cette prétention universelle à l'égalité par l'authenticité (par le droit à être soi), mais seulement de la cerner dans ce qu'elle a de spécifique et de nouveau par rapport aux traditionnelles morales du devoir. Du reste, on pressent bien qu'elle contient, comme souvent les grandes vagues de l'histoire moderne, le pire et le meilleur.

J'en viens donc au second trait caractéristique de cette nouvelle éthique : sa revendication anti-méritocratique. Dans la « morale bourgeoise » — rubrique sous laquelle on confondait volontiers toute forme de référence à un devoir impératif — le dispositif était toujours identique : il existait une norme générale, transcendant les individus particuliers (par exemple, dans notre républicanisme, les programmes scolaires) ; et l'effort moral consistait à se rapprocher au maximum de cet idéal, en quelque façon extérieur à soi. Même si la notion d'autonomie du sujet n'était pas rejetée, elle était pensée comme un objectif lointain, difficile à conquérir, non comme une réalité actuelle. Effort et mérite s'avéraient inséparables l'un de l'autre, ce dernier n'étant en son fond que le résultat du premier. Transcendance de la norme, tension de la volonté, idéal de soi : voilà les maîtres mots qui définissaient, il y a peu encore, les morales du devoir — à vrai dire, pour le plus grand nombre, la morale tout court.

Dès lors qu'il est « interdit d'interdire », dès lors que toute normativité est perçue comme répressive, l'individu devient à lui-même et pour lui-même sa propre norme. Ici encore, la revendication d'authenticité étend ses droits : *be yourself*, commande-t-elle, pour le peu qu'il lui reste d'impératif à énoncer ! Et de nouveau, le droit à la différence s'y associe : chacun ayant désormais à devenir ce qu'il est, et « l'être-soi » recevant le sceau d'une légitimité nouvelle, on ne saurait préjuger a priori des différences que le processus fera surgir au final. L'essentiel est d'en finir avec la transcendance des normes, d'accéder enfin à la juste compréhension de ce fait indubitable : la seule transcendance qui subsiste est celle de soi à soi, celle d'un moi encore inauthentique à un moi authentique. Bref, une transcendance tout entière circonscrite dans la sphère de l'immanence à l'ego individuel. De là, pour combler la distance ainsi délimitée, l'intervention des techniques ou des pratiques qui fraient une voie d'accès à l'authenticité : divers sports, à commencer par le jogging (phénomène de masse nouveau et unique en son genre, il faut le souligner), permettront d'être « bien dans sa peau », comme une pléiade de thérapies inédites, dérivées de la psychanalyse ou des sagesses orientales, permettront d'être « bien dans sa tête ».

La sécularisation de l'éthique : l'éclipse du sacré ?

L'éthique de l'authenticité achève ainsi d'éradiquer ce que les premières morales laïques pouvaient encore conserver du passé. Bien que débarrassées en apparence de la référence théologique, elles n'en maintenaient pas moins un élément de religiosité : le caractère sacré et intangible du devoir, l'idée d'une dépendance radicale de l'être humain à l'égard de certaines normes transcendantes restaient, même sécularisés, d'essence théologique.

Le premier cycle de la laïcisation aurait ainsi pour prin-

cipale caractéristique « qu'en s'émancipant de l'esprit de
religion, il lui a emprunté une de ses figures clefs : la
notion de dette infinie, de devoir absolu[1] ». Rigorisme
kantien, patriotisme républicain en sont de bons exemples : dans ces deux traditions, du reste fortement liées,
le sacrifice de soi, la lutte contre l'égoïsme individuel
étaient valorisés par-dessus tout, lors même que les
valeurs de la laïcité, voire de l'anticléricalisme se trou-
vaient proclamées avec force : « En portant à son maximum d'épuration l'idéal éthique, en professant le culte
des vertus laïques, en magnifiant l'obligation du sacrifice
de la personne sur l'autel de la famille, de la patrie ou de
l'histoire, les modernes ont moins rompu avec la tradition
morale du renoncement à soi que reconduit le schème
religieux de l'impérativité illimitée des devoirs ; les obligations supérieures envers Dieu n'ont fait qu'être transfé-
rées à la sphère humaine profane, elles se sont
métamorphosées en devoirs inconditionnels envers soi-
même, envers les autres, envers la collectivité. Le premier
cycle de la morale moderne a fonctionné comme une religion du devoir laïc[2]. »

L'hypothèse principale de cette analyse est que la
phase austère, héroïque et sacrificielle des sociétés démocratiques est désormais révolue. Nous serions entrés,
depuis ces années cinquante où s'élabore l'éthique de
l'authenticité, dans une seconde époque de la sécularisation, dans l'ère de « l'après-devoir » : « Le "il faut" a
cédé le pas à l'incantation du bonheur, l'obligation catégorique à la stimulation des sens. » Nous sommes maintenant dans une « nouvelle logique du procès de
sécularisation de la morale (...) qui ne consiste plus à
affirmer l'éthique comme sphère indépendante des religions révélées, mais à dissoudre socialement sa forme
religieuse : le devoir lui-même. » Conséquence : « Pour
la première fois, voici une société qui, loin d'exalter les
commandements supérieurs, les euphémise et les décrédi-
bilise, qui dévalue l'idéal d'abnégation en stimulant systématiquement les désirs immédiats, la passion de l'ego,
le bonheur intimiste et matérialiste (...) S'organisant pour

---

1. *Le Crépuscule du devoir, op. cit.,* p. 13.
2. *Ibid.,* p. 14.

l'essentiel en dehors de la forme-devoir, l'éthique accomplit désormais dans sa pleine radicalité l'époque de la "sortie de la religion" (Marcel Gauchet) [1]. » D'où la montée des exigences authenticitaires, du droit à être soi-même, hors de toute imposition de valeurs extérieures à soi. Dans les sociétés « postmoralistes », donc, « le label éthique est envahissant mais l'exigence de se dévouer nulle part (...), l'éthique élue n'ordonnant aucun sacrifice majeur, aucun arrachement à soi ».

Faut-il s'en désoler ? Nullement, selon Lipovetsky, qui rejoint ici l'intuition fondamentale des premiers théoriciens du libéralisme : ce n'est pas par des incantations puritaines à l'abnégation que se réalise le plus sûrement le bien commun, mais par la logique, en effet non sacrificielle, des intérêts bien compris. Logique indolore, puisqu'elle n'exige pas le sacrifice de soi pour l'autre. Les exemples ne manquent pas, qui viennent ici renforcer l'argumentation théorique. Voyez le cas de Perrier. Lorsque la célèbre firme découvrit l'existence de quelques bouteilles contaminées par un produit chimique indésirable, elle décida aussitôt de retirer tous les exemplaires en circulation. Coût de l'opération : 200 millions de francs. Généreux sacrifice ? Nullement, car le résultat est bénéfique en termes de « communication » : il permet à l'entreprise de conserver, voire de renforcer son image de pureté. C'est donc par intérêt, et non par quelque héroïque respect des valeurs que le bien commun se réalise. Soit encore l'exemple des mobilisations en faveur d'un pays étranger où sévit la guerre, l'oppression ou la famine. Le sac de riz apporté à l'école par nos enfants pour venir en aide à ceux de Somalie en constitue l'illustration la plus parfaite : il ne leur a rien coûté, ni en temps, ni en argent. Fourni par les parents, pour qui il représente une dépense infime, il donne bonne conscience à tous sans rien exiger de chacun. Nulle en termes de sacrifice de soi, l'action n'en est pas moins « objectivement » bonne. Elle peut même s'avérer utile et, élevée à grande échelle, comme ce fut le cas pour le Téléthon ou pour certaines formes d'aide humanitaire, apaiser bien des souffrances et sauver

---

1. *Ibid.*, p. 14.

de nombreuses vies. Preuve, s'il en était besoin, que le
bien peut se réaliser sans douleur et ne pas perdre pour
autant ses qualités fondamentales. Certes, un petit nombre
de militants se dévoue, mais point la masse du grand
public. C'est par l'intérêt, l'intelligence ou même le jeu
médiatique que le bien se réalisera le plus sûrement, là
où l'ancienne idéologie du devoir s'est avérée plus d'une
fois meurtrière. Mourir pour la patrie, mourir pour des
idées ? Et pourquoi pas, après tout, vivre pour elles, de
manière paisible, raisonnable et, au total, plus efficace
qu'aux temps de l'abnégation religieuse ou laïque.

   La conclusion s'impose : le prétendu « retour de l'éthique » n'en serait pas un si l'on entend par là une résurgence des morales du devoir. Malgré quelques velléités,
les valeurs caritatives du dévouement à l'autre n'occupe-
raient qu'une part infime du terrain face à l'empire des
égoïsmes, de la consommation et du bien-être. Entre
l'éthique de l'authenticité, qui ramène tout à la conquête
de la vérité de soi par soi, et l'éthique « intelligente » qui
compte davantage sur la logique des intérêts que sur celle
de la bonne volonté vertueuse, il y a parfaite harmonie :
elles constituent les deux faces d'une même réalité. Elles
se rejoignent, au point de se confondre, dans leur opposition commune aux éthiques aristocratiques et méritocrati-
ques, dans leur souci de faire enfin droit aux exigences
légitimes de l'individualisme démocratique.

   Avouons-le : l'hypothèse cardinale selon laquelle les
temps actuels, marqués par la sécularisation de l'éthique,
seraient au « crépuscule du devoir », est forte. Elle relativise avec intelligence ce que peut avoir de superficielle
l'idée d'un « retour de l'éthique ». Elle trouve même à
s'illustrer dans une infinité de faits concrets. J'aimerais
pourtant suggérer une interprétation différente, qui dessine pour l'avenir une perspective d'évolution autre que
celle d'un pur et simple « désenchantement », fût-il à certains égards salutaire.

Vers une sacralisation de l'humain

D'abord quant au diagnostic : je reste convaincu que nous ne vivons pas aujourd'hui le règne de « l'après-devoir ». On pourrait même soutenir, au-delà des apparences, que c'est dans l'univers le plus laïc que la notion de devoir accède à sa pleine vérité. La définition de la vertu comme action désintéressée, comme arrachement à l'égoïsme naturel de l'individu, me semble, à l'encontre de ce que suggère Lipovetsky, plus attestée que jamais dans nos représentations de la véritable moralité. Cela ne signifie pas, c'est l'évidence, que nous soyons toujours, ni même souvent au niveau de l'idéal. Du reste, la question de savoir si les temps que nous vivons sont plus ou moins « vertueux » que ne le furent telles périodes du passé est de celles qui, par essence, sont indécidables et dépendent avant tout de l'humeur de celui qui prétend en juger. En revanche, il suffit de pratiquer un instant d'auto-réflexion pour reconnaître que l'action de Perrier, le chèque au Téléthon ou même le sac de riz des écoliers n'entraînent pas de notre part une grande admiration morale. Nous trouvons tout cela, dans le meilleur des cas, astucieux ou gentillet, sans plus. En vérité, nous doutons du caractère sacrificiel ou désintéressé de telles actions et ce doute continue, pour chacun d'entre nous, fût-ce de façon inconsciente ou irréfléchie, de valoir comme un critère moral. Allons plus loin, dans le même sens : les personnalités qui apparaissent régulièrement, dans les enquêtes d'opinion, comme chères au cœur des Français le sont le plus souvent pour des motifs qui relèvent d'une éthique « méritocratique » et sacrificielle, parce qu'on leur prête une capacité exceptionnelle de dévouement à quelque cause d'intérêt commun. Cela vaut pour Mère Térésa ou Sœur Emmanuelle comme pour les Médecins du Monde ou pour l'Abbé Pierre. J'entends déjà l'objection : certains ne seraient pas si désintéressés que cela, ils auraient même un goût trop prononcé pour les micros et les écrans. Mais justement : qui ne voit qu'à travers ces soupçons, injustifiés ou non, peu importe ici, c'est encore l'idéal d'une vertu désintéressée qui s'exprime ? Ce sont d'ailleurs ces notions qui façonnent tout notre système juridique. Notre droit pénal, notamment, repose de part en part sur les idées de mérite et de responsabilité. Quel sens auraient des expressions telles que « circonstances atténuantes », ou celle, aggravante, de « préméditation », si l'on ne supposait en tout individu (pourvu qu'il soit « sain d'esprit »), une capacité de choix, un certain pouvoir de s'arracher aux inclinations naturelles afin de respecter la loi plutôt que de l'enfreindre, et si l'on ne faisait directement dépendre le bien et le mal de cette capacité ?

On acceptera peut-être ces remarques, pour les soumettre toutefois à une seconde objection : les personnalités évoquées sont les exceptions qui confirment la règle. Elles font songer à ces héros dont on salue la singularité remarquable, comme pour mieux s'exempter soi-même du devoir de les imiter. Dans la réalité quotidienne, le souci du sacrifice aurait fait bel et bien place à celui de la sécurité et du bonheur. Le chèque envoyé au Téléthon ne traduirait qu'un simple et banal mécanisme de déculpabilisation. Dans la sphère des idées, donc, et par la voix de quelques personnages idéalisés, la vertu méritocratique continuerait de s'exprimer. Mais à titre de survivance, et point dans la réalité des faits. Voyez la Bosnie, ou chez nous, plus simplement encore, le sort des SDF : nous en concevons une certaine tristesse, certes, mais à distance, et cette souffrance, si sincère soit-elle, reste, pour l'immense majorité d'entre nous (pour tous ceux qui n'en font pas profession, et encore...) très supportable.

Peut-être, sans doute même, ces constatations coïncident-elles avec une part non négligeable de notre expérience commune (même si elles me semblent, j'y reviendrai, sous-estimer la signification et l'importance du formidable essor des organisations caritatives). Elles manquent pourtant le cœur de la question. Car les conditions sociales aussi bien que le sens de l'action sacrificielle ont changé de façon radicale avec l'avènement de l'individualisme laïque. Le sacrifice de soi, et l'essentiel est là, n'est plus aujourd'hui imposé du dehors, mais librement consenti et ressenti comme une nécessité *intérieure*. Telle est la conséquence, sans cesse de plus en plus visible, de l'autonomisation des individus. Plus question de mourir pour la patrie la fleur au fusil et le sourire aux lèvres (si tant est que ce fût jamais le cas — mais enfin, le patriotisme, nul ne le contestera, fut jadis une réalité). Le chèque envoyé au Téléthon n'introduit, c'est vrai, aucun péril en la demeure. Mais, songeons aussitôt à ceci, qui est l'autre face à prendre en considération : il n'est exigé par nul autre que son signataire. Que dire alors de ceux qui, pour des raisons qu'on peut bien, si l'on y tient, tourner en dérision ou soumettre à tous les soupçons, engagent une partie de leur temps, de leurs loisirs, voire pour certains, de leur vie dans une action caritative lors même qu'aucune pression, sinon celle d'une exigence intérieure, ne vient les y contraindre ?

De quelque façon qu'on l'analyse, force est de reconnaître que le dévouement n'est plus l'effet obligé de traditions séculaires. Il ne dépend d'aucun sentiment communautaire irrépressible, mais, pour la première fois peut-être dans l'histoire de l'humanité, il doit trouver sa source exclusive dans l'homme lui-même. En d'autres termes, nous vivons le passage d'une logique qui était celle de l'hétéro-sacrifice à une logique de l'auto-sacrifice. Rien d'étonnant, dans ces conditions, si l'on constate qu'il prend des formes plus douces qu'auparavant ! Derrière l'apparent « crépuscule du devoir », ce dernier n'accède en réalité à son concept, à sa vérité, qu'au moment où cesse enfin le règne de l'hétéronomie.

L'humanisation du sacrifice

La modernité n'est pas rejet de la transcendance, mais réaménagement de celle-ci aux conditions de son accord avec le principe du refus de l'argument d'autorité : le souci de l'Altérité, qui s'affirme si fortement dans la philosophie contemporaine, tend ainsi à prendre la forme d'une « religion de l'Autre ». Cette sacralisation de l'humain comme tel suppose le passage de ce que l'on pourrait nommer une « transcendance verticale » (des entités extérieures et supérieures aux individus, situées pour ainsi dire en amont de lui) à une « transcendance horizontale » (celle des autres hommes par rapport à moi).

Il faudrait, pour rendre justice à un tel déplacement,

écrire une histoire du sacrifice : pour quels motifs et pour quelles entités les êtres humains ont-ils, au fil des temps, fait le don de leur vie ou, à tout le moins, d'un de ses aspects ? Car le sacrifice volontairement consenti, quelque contenu qu'on lui donne et quelle que soit son ampleur, implique toujours, du moins pour celui qui croit en percevoir l'urgence, la reconnaissance d'un sens supérieur à sa propre existence. Il admet, de façon explicite ou non, qu'un au-delà contient plus de valeur qu'un ici-bas. Les grands moments d'une telle histoire pourraient être, par exemple (mais ces exemples ne sont pas choisis tout à fait au hasard...) : la gloire de Dieu, la Nation, la Révolution, selon un ordre qui va du plus au moins vertical, du divin à l'humain... Chez les Romantiques, le « Peuple » tend à occuper la place autrefois réservée à Dieu : il constitue une entité supérieure à la simple somme des individus qui le composent. Il n'en représente pas moins une certaine humanisation du divin. Il en va de même pour la Révolution, supérieure, elle aussi, aux individus qui meurent pour elle, et cependant déjà inscrite dans l'ordre terrestre.

Aujourd'hui, le don de soi à la Patrie ou à la Cause révolutionnaire ne fait plus recette. Le sacrifice aurait-il disparu de notre horizon éthique ? J'ai déjà suggéré que non. Ce qui est vrai, en revanche, c'est qu'il a profondément changé de nature : si nos concitoyens ne sont guère disposés à se sacrifier pour des valeurs « verticales », qui s'imposeraient à eux de haut en bas, comme des forces extérieures, ils semblent parfois prêts à le faire pour d'autres êtres, *pourvu qu'ils soient humains.*

Je sais combien une telle affirmation peut sembler arbitraire. La notion de « sacrifice » est une source infinie de malentendus. Elle possède de fâcheuses connotations théologiques et se confond volontiers avec certaines mortifications auxquelles la plupart des religions anciennes semblent attachées. Faut-il souligner que je n'entends pas ici le terme dans cette acception traditionnelle ? Je vise plutôt cette exigence d'un souci de l'autre si souvent affichée, ne fût-ce qu'en paroles, comme un indispensable contrepoids au seul souci de soi. Nos sociétés ne sont-elles pas davantage marquées par l'hédonisme, l'égoïsme et la lâcheté que par le sens du sacrifice ? Ne tolèrent-elles pas, à l'intérieur, des millions d'exclus et, à leurs portes mêmes, les guerres et les massacres les plus iniques ? Ne sont-elles pas insensibles au spectacle d'une « souffrance à distance » que les myriades d'images télévisées ont davantage pour fonction d'exorciser que de soulager ? Et pour le peu de dévouement qu'on y observe, n'est-il pas, lorsqu'il n'est pas dévoyé à des fins médiatiques, le plus souvent limité à la sphère privée, au cercle des proches plus que des « prochains » et, par là même conforme à « l'individualisme » ?

Sans aborder encore la discussion que suscitent ces questions légitimes, je ferai simplement observer que le don de soi, serait-il même limité à ses propres enfants, demeurerait au plus haut point énigmatique. Mais il n'est pas non plus certain qu'il se borne aujourd'hui à la seule sphère des proches : l'action humanitaire, si fragile, si contestable soit-elle encore, témoigne d'une aspiration nouvelle, qui ne se confond pas avec les formes traditionnelles de la charité. Au-delà des critiques qu'on peut lui adresser *sur le plan politique*, elle traduit l'exigence d'une solidarité avec l'humanité entière, d'une solidarité, donc, *qui ne serait plus liée aux anciennes appartenances communautaires*, qu'elles soient religieuses, ethniques, nationales ou familiales. Que cette aspiration reste encore embryonnaire dans la pratique, cela n'est pas douteux. Qu'elle puisse parfois fournir des alibis à l'inaction politique est même possible. Elle n'en dessine pas moins un idéal qui traduit le passage d'une transcendance verticale à une transcendance horizontale : celle selon laquelle c'est l'être humain comme tel qui constitue un appel immédiat à ma responsabilité. C'est sur cette base, spécifiquement moderne en ce qu'elle vise l'Autre en général, et non seulement celui avec lequel j'entretiens un lien privilégié, préétabli par la tradition, que se reformule la problématique du don de soi.

Nous vivons moins la fin des valeurs sacrificielles que, au sens propre, leur humanisation : le passage d'une pensée religieuse du sacrifice à l'idée qu'il ne saurait être exigé que *par et pour l'homme lui-même*. C'est cette nouvelle donne qui commande, dans l'ordre

de l'éthique, l'apparition de préoccupations inédites. Le
célèbre mot de Malraux sur « la possibilité d'un événement spirituel à l'échelle planétaire », qui viendrait marquer le XXIe siècle, ne laisse pas de susciter notre
interrogation. Sans doute parce que le long processus
par lequel le divin se retire de notre univers social et
politique s'avère être lié à une divinisation de l'homme
qui nous reconduit vers de nouvelles formes de spiritualité. Le terme n'est pas employé ici de façon lâche et
incontrôlée, même s'il reste, en un sens, analogique :
car là où il y a sacrifice, là est aussi l'idée de valeurs
supérieures. Et le fait qu'elles soient, aujourd'hui, perçues comme incarnées au cœur de l'humanité, et non
dans quelque transcendance verticale, ne change rien à
l'affaire. Ou plutôt si : cela change le rapport de
l'homme au sacré, mais n'implique point sa disparition
complète, jusques et y compris dans l'ordre collectif.
La nouvelle transcendance n'en impose pas moins que
l'ancienne, même si elle le fait sur un autre mode :
elle reste appel à un ordre de signification qui, pour
prendre sa racine dans l'être humain, n'en fait pas
moins référence à une extériorité radicale. Situé jadis
en amont de l'éthique, qu'il prétendait fonder de part
en part, le sacré bascule du côté de l'aval. Et c'est
dans ce passage de l'amont à l'aval, du théologico-
éthique à l'éthico-religieux, que gît encore le secret des
morales à venir.

C'est en ce sens, me semble-t-il, que l'éthique de l'authenticité n'est nullement le dernier mot de la morale contemporaine. Après une période de contestation, dans les
années soixante, où elle prétendait révolutionner les
cadres de la morale bourgeoise, elle se borne aujourd'hui
à lui apporter un correctif en plaidant, parfois d'ailleurs à
juste titre, pour une plus grande prise en compte de l'individu. La volonté de réaliser une parfaite immanence à soi
est un échec. Pour une raison de fond, qu'il nous faut
maintenant tenter de mieux cerner : l'exigence d'autonomie, si chère à l'humanisme moderne, ne supprime pas la
notion de sacrifice, ni celle de transcendance. Simplement, et c'est cela qu'il faut comprendre, elle implique

une *humanisation de la transcendance et, par là même, non pas l'éradication, mais plutôt un déplacement des figures traditionnelles du sacré*. L'amour, autrefois réservé à la divinité (ou aux entités supérieures aux hommes telles que la Patrie ou la Révolution) s'est humanisé et, pour les mêmes raisons, les idéologies sacrificielles aussi. Sans disparaître, elles se sont transformées et, surtout, elles ont changé d'objet. Si l'on accepte de voir dans le sacrifice l'une des mesures du sacré, comme nous y invite l'étymologie elle-même, il faudrait compléter l'histoire de la religion et de l'éthique par celle des représentations et des sentiments. Un tel fil conducteur nous permettrait de saisir comment les aventures du sacré sont perçues par les sujets qui en sont, au final, les seuls héros véritables et comment, par là même, la question du sens de leur vie va être peu à peu réaménagée dans l'espace de l'humanisme moderne.

La naissance de la vie sentimentale

Au cours de ces dernières années, les historiens des mentalités ont forgé une hypothèse dont la portée semble considérable. Tout indique, en effet, que pendant des siècles et, à tout le moins[1], durant les trois qui précèdent l'avènement des Lumières et la naissance de l'univers démocratique (XVe-XVIIIe siècles), le principe fondateur de la famille n'ait eu pratiquement aucun lien avec ce que nous appelons communément « l'amour ». Depuis les travaux d'Ariès[2], ces chercheurs nous invitent à relativiser

---

1. Le modèle de l'amour-passion, plus tard réaménagé par les romantiques, trouve pourtant son origine au tournant du XIe et du XIIe siècle, avec l'élaboration de l'amour courtois. Depuis lors, la poésie européenne ne cessera de puiser son inspiration aux mêmes sources que les troubadours. Cf. Denis de Rougemont, *L'Amour et l'Occident* (Plon), dont les thèses, pour être parfois très contestées, n'en sont pas moins toujours stimulantes.
2. Philippe Ariès, *L'Enfant et la vie familiale sous l'Ancien Régime*, Plon, 1960, édition revue et complétée au Seuil, en 1973. Pour avoir une vue d'ensemble des divers travaux consacrés à la question depuis trente ans en Europe et aux États-Unis, il faut lire l'excellent ouvrage, clair et synthétique, de François Lebrun, *La Vie conjugale sous l'Ancien Régime*, Armand Colin, 1993.

notre penchant à tenir pour « naturel[1] » ce qui est historiquement advenu. Nous savons aujourd'hui que, en
Europe du moins, et pendant le Moyen Âge tardif[2], la
mort d'un conjoint ou d'un enfant ne fut pas toujours
tenue pour une catastrophe, tant s'en faut. D'une façon
générale, le fondement de la famille traditionnelle n'était
pas le sentiment et il fallut attendre que la subjectivité
moderne fût formée, que la notion d'individu libre devînt
une réalité sociologique concrète pour que l'affinité élective avec autrui, et non plus la tradition imposée, consti-
tuât un nouveau mode d'organisation familiale. C'est
seulement sur ce fond individualiste que l'on commença
à ressentir le deuil d'un mari ou d'une épouse, d'un fils
ou d'une fille comme une « peine de cœur » permettant
de puiser en soi les ressources d'éventuels sacrifices[3].

De cette mutation décisive, les travaux de la nouvelle
histoire, ceux d'Ariès en particulier, nous donnent un
aperçu lorsqu'ils nous apprennent qu'à l'âge classique, la
mort était encore 1) annoncée — et non dissimulée au
mourant par des mensonges[4] —, 2) publique — et non

---

1. C'est là, bien sûr, un argument central pour un certain féminisme,
au mieux représenté en France par les travaux d'Elisabeth Badinter.
Les partisans de l'idée d'une nature humaine éternelle n'ont pas manqué d'exprimer leurs réticences à l'égard de ces recherches. Cf. par
exemple, James Q. Wilson, *Le Sens moral*, Commentaire/Plon, 1993.
Comme on le verra plus loin, un certain nombre de faits historiques
sont cependant difficiles à comprendre hors du cadre d'une histoire des
mentalités, quelles qu'en soient les difficultés épistémologiques.

2. Le lecteur doit garder à l'esprit cette double limitation, géographique et historique. Hors de ce cadre bien précis, les remarques qui suivent perdraient leur crédibilité. Elles tourneraient même à l'absurde si
on les utilisait, à tort, pour donner à penser que « l'amour n'apparaît
qu'au XVIIIe siècle » ! En revanche, il est intéressant de comprendre
pourquoi il fut si absent, dans ce Moyen Âge européen tardif, des relations *familiales* et, en particulier, du mariage.

3. Voir, par exemple, Edward Shorter, *La Naissance de la famille
moderne*, trad. française au Seuil, 1977.

4. Cf. Philippe Ariès, *Essais sur l'histoire de la mort en Occident
du Moyen Âge à nos jours*, Seuil, 1975, page 62 : « La première motivation du mensonge a été le désir d'épargner le malade, de prendre en
charge son épreuve. Mais très tôt, ce sentiment dont l'origine nous est
connue (l'intolérance à la mort de l'autre et la confiance nouvelle du
mourant dans son entourage) a été recouvert par un sentiment différent,
caractéristique de la modernité : éviter, non plus au mourant, mais à
la société, à l'entourage lui-même le trouble et l'émotion trop forte,

réservée, comme un secret ou une indiscrétion, à la seule sphère privée —, 3) familière et presque « apprivoisée », alors que nous la trouvons anormale et angoissante, comme si elle relevait toujours d'un accident à moins qu'il ne s'agît d'un échec provisoire de la médecine[1]... Distance saisissante, donc, entre une mort qui, chez les riches comme chez les plus pauvres, se déroulait d'ordinaire en présence des parents, des voisins ou même de simples passants, et une mort moderne, sans cesse davantage soustraite aux familles pour advenir dans la solitude de l'hôpital.

Considérons un instant cette indifférence relative à l'égard du trépas. Plus encore que les consolations tirées de la religion ou de l'entourage, ce qui semble avoir suscité la placidité de nos ancêtres, c'est leur implicite refus de la notion moderne d'individualité conçue comme atome, monade séparée de son ascendance et de sa descendance par une coupure *absolue*. Pendant longtemps, à la question : « Qui es-tu ? », on a pu répondre en termes de lignages : « je suis le fils ou la fille de... » Cette attitude convenait à des temps où l'idée d'individu, libre dans ses choix et seul dans son intimité, était pour ainsi dire inconnue. On se définissait comme membre d'une

---

insoutenable, causés par la laideur de l'agonie et la simple présence de la mort en pleine vie heureuse, car il est désormais admis que la vie est toujours heureuse ou doit toujours en avoir l'air. »

1. *Ibid.*, p. 73. On ne saurait mieux faire que de rapporter ici la façon dont Ariès résume ses propres recherches sur l'attitude devant la mort qui prévaut durant des siècles, au Moyen Âge : « Nous avons d'abord rencontré un sentiment très ancien et très durable, et très massif, de familiarité avec la mort, sans peur ni désespoir, à mi-chemin entre la résignation passive et la confiance mystique. Par la mort, plus encore que par les autres temps forts de l'existence, le Destin se révèle, et le mourant alors l'accepte dans une cérémonie publique dont le rite est fixé par l'usage. La cérémonie de la mort est alors au moins aussi importante que celle des funérailles et du deuil. La mort est reconnaissance par chacun du destin où sa propre personnalité, certes n'est pas anéantie, mais est endormie — *resquies*... Cette croyance n'oppose pas tant que nous le pensons aujourd'hui le temps d'avant et le temps d'après, la vie et la survie. Dans les contes populaires, les morts ont autant de présence que les vivants et les vivants aussi peu de personnalité que les morts... Cette attitude devant la mort exprimait l'abandon au Destin et l'indifférence aux formes trop particulières et diverses de l'individualité. »

lignée indivisible. Si individualité il y avait, elle résidait davantage dans cette lignée elle-même que dans tel ou tel être humain particulier. La naissance du sujet maître de lui, auto-défini par ses engagements et ses choix, impliquait au contraire qu'il cessât de se considérer au premier chef comme l'élément solidaire d'une totalité organique [1]. Dès lors, la mort devait changer de sens et l'indifférence faire place à l'angoisse [2] : elle prit l'allure terrifiante d'un anéantissement complet au lieu de n'être, pour ainsi dire, qu'une péripétie *de la vie elle-même*.

Hegel et, avant lui déjà, les romantiques l'affirmaient encore lorsqu'ils envisageaient le rapport de l'espèce générique aux vivants particuliers qui la composent : il faut que les seconds se reproduisent et meurent pour que la vie universelle de la première puisse se perpétuer. Aujourd'hui, c'est dans ce cadre de pensée « holiste » que nous continuons de percevoir la mort des animaux : nous n'y attachons du prix qu'à mesure de leur degré d'individualisation. Si l'animal est domestique, déjà humanisé par l'affection familiale, la peine est parfois vive. S'il est sauvage et que son espèce n'est pas en danger, nous regardons sa disparition comme un phénomène naturel dont il n'y a pas lieu de s'affecter particulièrement. Cette remarque n'a bien sûr qu'une valeur métaphorique. Il ne s'agit

---

1. Shorter formule excellemment le sens de cette mutation : « Au "bon" vieux temps, les gens apprenaient leur propre identité et la place qui leur revenait dans l'ordre éternel des choses en considérant la succession des générations qui les avaient précédés — une succession qui se poursuivrait à partir d'eux-mêmes dans un avenir dont on pouvait seulement prédire qu'il avait de fortes chances d'être tout semblable au passé. Si les membres des sociétés traditionnelles étaient capables de se montrer si placides devant la mort, c'est, en dernière analyse, qu'ils avaient la certitude que leur nom et leur mémoire se perpétueraient à travers les familles de leur lignage. Aujourd'hui (...) nous avons cessé de nous intéresser au lignage comme moyen de tricher avec la mort et nous avons du même coup renoncé aux attaches qui liaient une génération à la suivante » *(op. cit.*, p. 16).

2. Cf. Philippe Ariès, *op. cit.*, page 74 : Dès les premières apparitions de l'individualisme moderne, déjà en plein Moyen Âge, « la mort a cessé d'être un oubli de soi vigoureux, mais sans conscience, d'être acceptation d'un destin formidable, mais sans discernement. Elle est devenue le lieu où les particularités propres à chaque vie apparaissent au grand jour de la conscience claire, où tout est pesé, compté, écrit, où tout peut être changé, perdu ou sauvé ».

pas de suggérer que l'homme de l'âge classique considérait ses semblables comme nous considérons les animaux. Cependant, l'absence d'individuation, due au poids du lignage et de la communauté, explique le fait que ces derniers aient pu jouer, *mutatis mutandis*, un rôle analogue à celui de l'espèce dans la dialectique du vivant décrite par Hegel : de même que la vie universelle est supérieure aux êtres particuliers qui meurent pour elle, le lignage, les traditions, le poids de la communauté étaient infiniment plus importants que l'individu. Celui-ci devait le savoir tant et si bien que, se percevant comme la partie d'une entité supérieure à lui, il pouvait relativiser sa propre fin. Le communautarisme traditionnel devait ainsi renforcer la foi pour emporter la conviction que la mort était une transition, un simple changement d'état. L'individu autonome, coupé de ce qui le précède comme de ce qui le suit ne peut plus se permettre un tel luxe : absolu par et pour lui-même, la mort lui apparaît comme un néant absolu, et ses croyances religieuses, s'il en possède encore, ne sont plus étayées par les anciennes solidarités. De là les ruptures décisives qu'Edward Shorter, faisant la synthèse des acquis indubitables de cette nouvelle histoire, repère entre la famille moderne, progressivement mise en place à partir du XVIIIᵉ siècle, et la famille européenne traditionnelle : elles touchent la nature du mariage, la naissance de la vie privée et l'avènement de l'amour parental. Toutes sont associées à l'intrusion du « sentiment » dans les relations familiales ainsi qu'à l'émancipation des individus face à l'emprise des traditions communautaires et religieuses d'antan. La liaison de ces deux phénomènes majeurs va contribuer puissamment à déplacer l'idée du sacré vers de nouveaux objets, moins extérieurs aux hommes. C'est elle qui pousse aussi, et pour les mêmes motifs, vers une humanisation des motifs du sacrifice.

Le mariage d'amour, la naissance de la vie privée
et l'avènement de l'affection parentale

À l'encontre d'une idée souvent avancée par les penseurs traditionalistes, la famille ne devait pas disparaître

avec l'Ancien Régime : elle est même une des rares institutions à avoir tant et si bien perduré au-delà de la Révolution qu'elle se maintient aujourd'hui plus vivante et,
probablement, malgré le nombre élevé des divorces, plus
stable que jamais. Cette permanence ne doit cependant
pas dissimuler la profondeur des changements, voire des
bouleversements intervenus depuis le XVIIIe siècle. Le plus
important d'entre eux, à n'en pas douter, réside dans le
passage d'un mariage de « raison », à finalité économique
et, le plus souvent, organisé par les parents ou, à travers
eux, par la communauté villageoise, à un mariage
d'amour, choisi librement par les partenaires eux-mêmes.
Voici comment l'un de nos meilleurs historiens, François
Lebrun, décrit cette évolution : « Par rapport à aujour-
d'hui, les fonctions de la famille conjugale d'hier sont
essentiellement économiques : unité de consommation et
unité de production, elle doit de surcroît assurer la conservation et la transmission d'un patrimoine. Le couple est
formé sur ces bases économiques par le choix et la
volonté des parents ou parfois des intéressés eux-mêmes,
mais sans que les sentiments de ceux-ci entrent beaucoup
en ligne de compte... Dans de telles conditions, la famille
ne peut avoir que très secondairement des fonctions affectives et éducatrices. Le bon mariage est le mariage de
raison, non le mariage d'amour ; certes, l'amour peut naître ultérieurement de la vie en commun, mais un amour
plein de réserve, ne devant rien à l'amour-passion laissé
aux relations extra-conjugales. »

À nous qui sommes les héritiers des romantiques, le
principe de l'union sentimentale paraît presque la règle.
La façon dont nous nous représentons le couple a perdu
presque toute la signification qu'il avait encore à l'âge
classique : assurer la pérennité du lignage et de la propriété familiale par la prise en charge, partagée entre
époux, des nécessités de la production et de la reproduction. Si nous tournons si volontiers en dérision l'idée
même d'un « mariage d'argent », c'est bien sûr que nous
avons oublié jusqu'aux objectifs d'une telle association.
Rappelons qu'en vertu d'un édit de février 1556 contre
les « mariages clandestins », les enfants mariés sans l'au-
torisation de leurs parents étaient déshérités et déclarés

hors-la-loi. En 1579, une ordonnance de Blois considérait comme ravisseur et punissait de mort « sans espérance de grâce ni de pardon » ceux qui auraient épousé sans le consentement des parents des « mineurs » de moins de vingt-cinq ans[1] ! L'idée qu'on ait pu condamner à mort, comme ce fut le cas dans la France du XVIe siècle, ceux qui avaient épousé sans l'avis des parents des mineurs de moins de vingt-cinq ans nous paraît si archaïque que nous en négligeons le fait qu'elle avait, du point de vue des hommes et des femmes de l'époque, de solides raisons d'être.

Voici sans doute l'évidence la mieux partagée de notre temps, peut-être même la seule qui réalise une telle unanimité : la vie commune est affaire de sentiment et de choix, elle relève de décisions individuelles *privées*, c'est-à-dire soustraites, autant que faire se peut, à l'emprise de la société globale. C'est même au nom de cette vision « sentimentale » des rapports humains que le mariage, fût-il d'amour, est parfois remis en question : il ferait encore une part trop belle aux traditions, une concession inutile à la communauté dont les sentiments authentiques se devraient de faire tout à fait l'économie.

D'où la seconde rupture, que tous les historiens de la famille s'accordent à souligner : dans l'ancien temps, l'intimité n'existait pas, que ce soit dans le peuple ou chez les élites. En ville comme à la campagne, l'immense majorité des familles vivaient dans une seule pièce[2], ce qui excluait, *de facto*, la possibilité d'une quelconque forme de *privacy*. Mais ce qui donne à penser qu'elle n'était pas encore un objet de désir[3], c'est qu'elle n'existait pas davantage dans la bourgeoisie ou l'aristocratie,

---

1. Cf. Flandrin, *Familles. Parenté, maison, sexualité dans l'ancienne société*, Seuil, 1976, p. 130.

2. *Ibid.,* p. 95.

3. Cf. Shorter, *op. cit.*, p. 69 : « L'environnement physique de la famille traditionnelle décourageait toute aspiration à l'intimité. Trop de visages curieux fixaient leurs regards sur la vie intime ; trop d'étrangers allaient et venaient sans cesse dans la maison. La surveillance informelle qu'exerçait la communauté était omniprésente grâce à l'agencement de l'espace et les restrictions formelles que les autorités faisaient peser sur le sentiment et l'inclination étaient trop puissantes pour laisser se former des liens affectifs étroits. »

lors même que leurs moyens économiques l'eussent rendue possible. Ariès a montré, à travers ses analyses de l'architecture des grandes maisons nobles ou bourgeoises, comment les pièces, pourtant nombreuses, n'y avaient aucune fonction particulière, et s'ouvraient généralement les unes sur les autres en une promiscuité qui nous semblerait aujourd'hui insupportable. Il faudra attendre le XVIIIe siècle pour que naissent des couloirs destinés à assurer l'autonomie et l'isolement des différents lieux.

Autre face de cette non-reconnaissance de la sphère privée, la communauté se permettait d'intervenir dans la vie familiale d'une façon qui nous semblerait inconcevable. En témoigne, parmi tant d'autres signes, la pratique du « charivari » dont l'étude a semblé cruciale aux historiens de la famille. Il est significatif que cette étrange et bruyante cérémonie par laquelle la communauté exprimait sa réprobation à l'égard d'un couple déviant, ait surtout visé les maris cocus ou battus : par leur faiblesse et leur incapacité à établir l'autorité du chef de famille, ils mettaient la communauté en danger. Elle se devait alors d'opérer un rappel à l'ordre dans un domaine dont on comprend qu'il n'était pas encore considéré comme une affaire strictement privée. Certaines régions associaient le charivari à « l'azouade », l'infortuné mari étant promené à travers tout le village assis à l'envers sur un âne. Jean-Louis Flandrin souligne, comme symptomatique du poids exorbitant de la communauté dans les affaires de famille, le fait qu'à défaut du mari (il pouvait avoir pris la fuite à temps), c'est le plus proche voisin qui était arrimé à l'âne, cela afin de le rappeler à son devoir de surveillance, donc à sa responsabilité indirecte dans l'inconduite de ses concitoyens !

La troisième rupture, celle que constitue l'avènement de l'amour parental, n'est, d'évidence, pas sans liens avec les deux autres : le mariage d'amour, choisi par les individus et non plus imposé par la tradition, n'est-il pas l'une des conditions les plus sûres de l'affection portée aux enfants ? Sans doute est-il injuste ou excessif de prétendre que « l'instinct » ou l'amour maternels n'existaient pas. Sans doute y a-t-il toujours eu un minimum d'attachement des parents pour leur progéniture, ne serait-ce que sous la forme naturelle et biologique que l'on observe chez la plupart des espèces animales. Il reste que l'une des conclusions les plus étonnantes des études historiques récentes est que l'amour parental fut loin d'être une priorité, comme il l'est devenu pour la majorité des couples d'aujourd'hui. Il s'en fallait même de beaucoup, ainsi qu'en témoigne cette anecdote, toute simple et bien connue, mais au plus haut point significative d'une mentalité qui évoluera très lentement entre le XVIᵉ et le XVIIIᵉ siècle : Montaigne, notre grand humaniste, avouait ne pas se souvenir du nombre exact de ses enfants morts en nourrice ! Voilà qui dit beaucoup sur l'abîme qui nous sépare de la Renaissance. D'autant que cette ignorance, on s'en doute, n'était pas due à quelque sécheresse de cœur propre au philosophe. Son attitude vaut plutôt comme le symptôme d'un comportement dominant à l'époque envers ces êtres encore « en puissance » que sont les enfants [1].

Dans une perspective analogue, on notera que la notion de « devoirs » des parents envers leur progéniture ne semble s'imposer à l'ensemble de la société qu'à partir du XVIIIᵉ siècle (de façon très variable selon les couches sociales). Pour l'essentiel, la relation était inverse à l'âge classique. Comme le montre Jean-Louis Flandrin, « on estimait encore, au XVIIᵉ siècle, que l'enfant devait tout à son père parce qu'il lui devait la vie. "Si l'un et l'autre se rencontrent en même nécessité, le fils doit plutôt le secours à son père qu'à son fils, jugeait Fernandès de Moure, d'autant qu'il a reçu un plus grand bien de ses parents que de ses enfants." Qu'un père puisse se sacrifier pour ses enfants était un des paradoxes du christianisme, et le sacrifice du Christ gardait au XVIIᵉ siècle encore ce caractère paradoxal : "Les pères donnent la vie à leurs enfants et c'est sans doute une grande grâce — s'exclamait le Père Cheminais dans la seconde moitié du siècle

---

1. Il faut noter que cet « en puissance » change de sens selon que la dimension du temps valorisée par la société est celle du passé (sociétés traditionnelles) ou de l'avenir (sociétés modernes) : pour nous, héritiers de Rousseau qui assignons à l'être humain un idéal de « perfectibilité », l'enfant est plein d'espoir et de promesses ; pour les Anciens, il est surtout inachevé, donc imparfait, et comme sa vocation est pour l'essentiel de répéter des modèles déjà existants, l'espoir mis en lui ne saurait être que fort limité.

— mais on n'a point vu de père qui ait conservé la vie à ses enfants par son propre sang et qui soit mort pour les faire vivre comme notre père céleste [1]" ».

« On n'a point vu de père... » : sans doute l'affirmation avait-elle pour but de souligner le caractère exceptionnel et admirable du sacrifice consenti par le Christ. Mais afin de pouvoir être seulement utilisé, l'argument devait rencontrer un écho chez ceux qui l'entendaient. Le constat est corroboré par l'étude des catéchismes et des manuels de confessions parus entre le XIVe et le XVIIIe siècle : jusqu'au milieu du XVIe siècle, tous évoquent longuement les devoirs des enfants envers les parents, presque jamais l'inverse, et ce n'est que de façon très progressive, timide, que l'idée s'introduit à partir de la fin du XVIe siècle pour s'épanouir au XVIIIe. Singulier contraste, dont Flandrin explique ainsi l'origine : « Dans les élites sociales de ce temps, nombre de chefs de famille étaient tendus vers l'ascension de leur maison, et une famille trop nombreuse risquait de ruiner cette ambition (...) Dans ces familles, celui qui portait les espoirs d'ascension sociale du père était chéri. Au contraire, lorsqu'une douzaine d'autres enfants venaient empêcher le père d'arrondir sa fortune et voler à l'héritier une partie du patrimoine, mettant ainsi en péril l'ascension de la famille, il est compréhensible qu'il les ait pris en grippe. D'une manière générale, l'incapacité à contrôler les naissances multipliait les enfants non désirés. Et l'espoir de s'en libérer par la mort pouvait s'insinuer d'autant plus facilement dans les esprits que la mortalité infantile était, on le sait, considérable, surtout parmi les enfants des villes mis en nourrice à la campagne. Au reste, était-ce sans penser à mal que, dans beaucoup de familles bourgeoises, la mère nourrissait l'héritier et qu'on mettait en nourrice les cadets [2] ? »

Ce terrible soupçon semble d'autant plus justifié que la mise en nourrice, dont on estime qu'elle frappait entre un cinquième et un sixième des bébés au XVIIIe siècle [3], pour

---

1. Jean-Louis Flandrin, *Familles...*, *op. cit.*, p. 135.
2. *Ibid.*, p. 149.
3. Cf. Shorter, *op. cit.*, p. 219. Cette pratique, contrairement à ce que l'on pouvait penser, n'était pas seulement le fait des familles les plus pau-

ne rien dire de l'infanticide pur et simple, confinait souvent à une mise à mort. Or il semble que les parents ne
l'ignoraient pas tout à fait[1]. Les chiffres sont du reste fort
parlants : dans la dernière moitié du XVIIIe siècle entre
62 % et 75 % des enfants mis en nourrice mouraient avant
d'atteindre l'âge d'un an ! Ces « petites morts » ne semblaient troubler ni les parents, ni la société, ni les nourrices mercenaires : Flandrin rapporte le cas précis de l'une
d'entre elles qui, en vingt ans de métier, s'occupa de
douze protégés et n'en rendit pas un seul vivant sans que
le fait ait trouvé à émouvoir quiconque ! On sait aussi
comment l'effroyable pratique de l'emmaillotement était
encore de rigueur. Elle était non seulement un véritable
supplice pour les nourrissons, mais elle mettait leur santé
et leur vie en danger. Quant à l'abandon, même un auteur
aussi soucieux de revaloriser les temps anciens que l'est
l'historien américain John Boswell, estime, en s'appuyant
sur les recherches les plus récentes, qu'il devait s'élever,
au XVIIIe siècle encore, à près de 30 % des naissances
enregistrées[2] ! Funeste sort puisqu'à Paris, où l'on dis-

---

vres. Shorter cite l'exemple « typique » de ce maître tisserand qui, inter-
rogé par un ami à propos d'une belle-sœur qui avait disait-on abandonné
son deuxième enfant alors qu'elle avait largement de quoi vivre et passait
pour une « brave femme », répliquait : « C'est bien aussi une brave et
digne femme mais son enfant la gênait pour aller à sa journée et, d'ailleurs,
elle avait fait exposer (abandonné) le premier » (p. 217). Par ailleurs, voici
comment Shorter, en accord avec les autres historiens, mais aussi avec les
témoignages les plus éclairés de l'époque, décrit les nourrices professionnelles : « Elles étaient, en règle générale, incroyablement indifférentes au
bien-être des bébés qu'elles acceptaient en pension. Les enfants étaient
pour elles des marchandises au même titre, à peu près, que le cacao pour
un agent de bourse » (p. 230). Suit une énumération des mauvais traitements qui conduisaient si souvent à la mort.
   1. François Lebrun cite cependant le cas célèbre de Rousseau qui se
déclarait convaincu que ses enfants, placés en nourrice, avaient eu une
éducation plus heureuse que la sienne. Il semble pourtant que, bien que
le taux de mortalité ne fût pas connu par le menu comme il l'est aujour-
d'hui, les parents aient su dès l'époque que mettre un enfant en nourrice
était chose assez dangereuse pour sa vie.
   2. Cf. *Au bon cœur des inconnus. Les enfants abandonnés de l'Antiquité à la Renaissance*, Gallimard, 1993 (pour la traduction. Original
de 1988). De son côté, Shorter avance, pour le milieu du XIXe siècle
encore, le chiffre de 33 000 enfants abandonnés en France chaque
année, dont au moins 5 000 abandonnés par leurs parents légitimes, cf.
La Naissance de la famille moderne, op. cit., p. 216.

pose de chiffres fiables, les enfants recueillis à l'Hôpital n'avaient tout au plus qu'une chance sur dix d'atteindre l'âge de dix ans tant la mortalité due aux maladies, mais aussi à l'indifférence et aux mauvais traitements, était élevée [1]. François Lebrun rapporte comme tout à fait authentique et conforme à la réalité cette description d'époque des conditions dans lesquelles les petits abandonnés en province étaient acheminés vers le grand hôpital parisien : « C'est un homme qui apporte sur son dos les enfants nouveau-nés, dans une boîte matelassée qui peut en contenir trois. Ils sont debout dans leurs maillots, respirant l'air par en haut. L'homme ne s'arrête que pour prendre ses repas et leur faire sucer un peu de lait. Quand il ouvre sa boîte, il en trouve souvent un de mort ; il achève le voyage avec les deux autres, impatient de se débarrasser du dépôt. Quand il l'a déposé à l'hôpital, il repart sur-le-champ pour recommencer le même emploi qui est son gagne-pain. » Un dernier chiffre, qui n'étonnera plus après ce qui précède : on estime que les neuf dixièmes des enfants mouraient, soit directement au cours de ce trajet soit, à tout le moins, dans les trois mois suivant leur admission sans que la société ni la conscience commune ne s'en offusquât particulièrement !

Comment l'amour et l'affection en vinrent-ils à prendre la place des liens traditionnels et de l'indifférence ? Pour quelles raisons de fond une telle révolution dans les mentalités devint-elle la règle ? Malgré leur diversité, les interprétations convergent sur l'essentiel : c'est en raison du passage d'une société holiste et hiérarchisée à une société individualiste et égalitaire que le poids de l'affectif augmenta dans les relations personnelles. Shorter propose à cet égard un éclairage qui offre le mérite de la limpidité : avec la naissance du capitalisme et du salariat, les hommes et les femmes se voient contraints, au moins sur le marché du travail, d'agir comme des individus *auto-déterminés*, sommés qu'ils sont de poursuivre leurs buts propres et leurs intérêts particuliers. Et ces nouveaux impératifs se traduisent, de manière très concrète, par l'obligation de quitter les anciennes communautés d'ap-

---

1. Voir les chiffres relevés par Lebrun dans son ouvrage, p. 158 sq.

partenance — pour les paysannes, par exemple, de « monter à la ville », ce qui leur confère une certaine marge de liberté par rapport à la pesanteur des coutumes traditionnelles. Or, telle est en substance la thèse de Shorter, les réflexes individualistes et les exigences de liberté ne se partagent pas : acquis dans la sphère du marché, ils sont peu à peu transposés à celle de la culture et des relations humaines. Dans tous ces domaines, en effet, le poids de la communauté diminue au fur et à mesure qu'augmente celui de la libre décision individuelle. Comment ceux ou celles qui choisissent leur travail n'en viendraient-ils pas à vouloir faire de même dans leur vie privée et choisir aussi leurs compagnes ou leurs compagnons[1] ? La logique de l'individualisme qui s'introduit dans les relations humaines les élève ainsi jusqu'à la sphère de l'amour moderne, électif et sentimental.

La question du sens de la vie s'en trouve ainsi bouleversée : c'est désormais l'amour profane qui va donner sa signification la plus manifeste à l'existence des individus. C'est lui qui va incarner au mieux la « structure personnelle du sens ». On serait tenté d'y voir une promesse d'émancipation et de bonheur. Pourtant, toute la littérature moderne, avec une insistance qui ne laisse pas d'étonner, le décrit invariablement sous les espèces du malheur. De *La Princesse de Clèves* à *L'Éducation sentimentale*, de *La Chartreuse de Parme* à *Belle du Seigneur*, la même mise en garde sans cesse resurgit : il n'y a pas d'amour heureux. Comme si le lieu du sens était un lieu maudit, comme si le bonheur qu'il fait miroiter était par

---

1. De leur côté, des sociologues comme Niklas Luhmann ont tenté d'éviter le piège des explications causales en s'intéressant à la façon dont ces mutations historiques étaient vécues dans la littérature et traduites dans ses « codes sémantiques ». Ses analyses n'en convergent pas moins avec celles de Shorter pour diagnostiquer l'avènement, caractéristique de la modernité, d'une sphère privée où l'amour, séparé des aspects communautaires et économiques qui l'englobaient jadis, devient une sorte de fin en soi pour les individus. Cf. Niklas Luhmann, *Amour comme passion. De la codification de l'intimité*, Aubier, 1990 (le titre est traduit littéralement et, en l'état, presque inintelligible. Une traduction convenable serait tout simplement : *L'amour-passion*).

nature promis à l'échec. De cet amour, j'ai déjà suggéré comment il n'allait pas sans une certaine imprudence, voué qu'il est d'emblée aux attachements tout à la fois les plus forts et les plus changeants. Dans cette optique, bien sûr, la psychologie des passions, relayée ou non par la psychanalyse, ne manque pas d'explications pour rendre raison de ce qui apparaît comme un destin. Mais ces raisons, pour justes qu'elles soient aussi, ne touchent peut-être pas l'essentiel. Il se pourrait, en effet, que ce soit pour des motifs proprement métaphysiques que la vie sentimentale des Modernes se heurte à des difficultés plus redoutables que celles décelées par l'anthropologie. J'en aperçois au moins deux.

Le tragique de l'amour moderne

La première découle très simplement de ce qui précède : l'individu est désormais requis de fonder la part la plus importante de son existence sur des sentiments, sur des attachements affectifs parfois violents, lors même qu'il est plus que jamais privé du secours des traditions — de la croyance religieuse, mais aussi du soutien apporté par une communauté ayant l'expérience de solidarités concrètes. Cercle tragique, puisque les deux mouvements, celui de la montée du sentiment comme celui du retrait des traditions, multiplient l'un par l'autre leurs effets : le mal nous devient tout à la fois plus sensible et moins sensé. Vie à haut risque, sur la dénonciation de laquelle prospère le renouveau de spiritualités anciennes : elles soulignent à l'envi les contradictions flagrantes d'une existence mortelle qui organise par avance son propre malheur en cultivant l'attachement au mépris de toute méditation sur la séparation et la mort. On mesure ainsi l'ampleur des difficultés que les Modernes se sont à eux-mêmes préparées : plus d'amour et de liens sentimentaux que jamais vis-à-vis des proches, plus de vulnérabilité au mal sous toutes les formes, mais moins de soutien que jamais face à lui. Cela dit non pour dénoncer la « modernité », mais pour souligner l'un des prix les plus élevés auxquels nous soumet son idéal individualiste. De là, sans doute, la résurgence continuée d'idéologies antimodernes et néo-traditionalistes. De l'écologie profonde aux différentes formes du « New-Age » en passant par les divers syncrétismes religieux aujourd'hui si en vogue, elles plaident pour un retour à des formes de spiritualité communautaire, pour ne pas dire sectaire. De là aussi leur difficulté à convaincre durablement dans un univers où leurs disciples eux-mêmes, pris dans le mouvement général, ne cessent, malgré leurs convictions holistes, de revendiquer les valeurs individualistes de l'authenticité et du « penser par soi-même », jusques et y compris dans le choix d'un gourou !

Mais il est une seconde raison, moins triviale et moins visible, aux menaces qui pèsent sur le bonheur des sentiments. Émancipés des liens sacrés qu'imposaient les traditions religieuses et communautaires, les individus doivent affronter une figure inédite des relations humaines : celle du face-à-face, de la dualité, si l'on ose dire solitaire, d'un couple désormais livré à lui-même, affranchi du poids mais aussi privé du secours du monde vertical de la tradition. Couple humain, trop humain peut-être, qui va faire bientôt l'expérience de l'étroite relation unissant la liberté absolue et la fragilisation du bonheur[1].

La dialectique de la vie amoureuse :
Tristan, Dom Juan et retour

Les sentiments qu'inspire la passion sont-ils propres à fonder des relations durables ? Ne sont-ils pas par nature si instables que rien de solide ne puisse s'édifier sur eux[2] ? On le pressentait depuis Platon déjà, et rien ne vient aujourd'hui le démentir. Pourtant, pensent les Modernes, hors l'état amoureux, la vie sentimentale ne vaut pas la peine d'être vécue. Tel est le paradoxe du

---

1. Je me suis souvent inspiré des belles analyses de Tzvetan Todorov dans *Frêle bonheur, essai sur Rousseau*, Hachette, 1985.
2. La question se pose en des termes analogues dans la sphère de l'esthétique en général : dès lors que celle-ci privilégie le sentiment par-dessus tout autre critère du beau, le problème de l'objectivité du goût est posé.

mariage d'amour : il semble porter en lui dès l'origine, presque par essence, sa dissolution. Si le sentiment seul unit les êtres, il peut à lui seul aussi les désunir[1]. Plus le mariage s'affranchit de ses motifs traditionnels, économiques ou familiaux, pour devenir affaire de choix individuel et d'affinité élective, plus il se heurte à la question typiquement moderne de « l'usure du désir ». Comme si, l'état amoureux n'ayant qu'un temps, il devait entraîner toute union dans sa chute...

Drewermann suggère que cette chute n'est que l'effet d'une autre, plus ancienne[2] : ce n'est pas le péché de la chair en lui-même qui chasse Adam et Ève du paradis, mais la séparation d'avec une transcendance qui permettait leur liaison. La perte d'un troisième terme, le divin, les livre l'un à l'autre, dans un face-à-face voué tôt ou tard à la destruction. Pour une fois, Drewermann n'est pas suspect d'interprétation originale ou déviante. Bien au contraire, c'est en pleine harmonie avec l'orthodoxie la mieux attestée qu'il redécouvre le sens authentique de la *tentation* : elle est par excellence l'œuvre du serpent, de ce *diabolos* qui vise la séparation d'avec le divin en tant que telle et se délecte des effets dévastateurs qu'elle produit sur les hommes.

Pendant des siècles, dans notre Europe chrétienne, le seul amour qui fût légitime était réservé à Dieu. Les Évangiles y insistaient même en des termes d'une rigueur que bien des chrétiens d'aujourd'hui ne sont plus capables d'entendre : « Si quelqu'un vient à moi et s'il ne hait pas son père, sa mère, sa femme, ses enfants, ses frères, ses sœurs, et même sa propre vie, il ne peut être mon disciple » (Luc, XIV, 26). Sans doute choqués par la force du verbe « haïr » ou par son caractère insolite dans un message censé tout entier animé par l'amour, certains traducteurs s'empressent de le remplacer par d'autres, qui leur semblent moins brutaux[3]. C'est estomper la signification du propos. Non que le Christ, bien sûr, prêche en tant

---

1. Dès 1938, Denis de Rougemont consacrait à cette question, dans *L'Amour et l'Occident*, quelques pages d'une impressionnante lucidité.
2. Cf. *La Peur et la faute*, Cerf, 1992, p. 79 sq.
3. Par exemple : « Si quelqu'un vient à moi, et s'il préfère son père, sa mère... », etc.

que telle la haine à l'égard des proches[1]. Mais l'amour *seulement* humain lui semble détestable, et c'est cette exclusivité qu'il nous invite à haïr : sans la médiation d'une transcendance, d'un troisième terme qui unit, elle est vouée au néant. Or c'est ce troisième terme que, d'évidence, la naissance de l'individualisme nous a fait perdre : la famille moderne est d'abord et avant tout un *couple* auquel se rattachent, le cas échéant mais non point, comme avant, de toute nécessité, des « parents » au sens large du terme, des « relatives », comme disent si bien les Américains, qui désignent ainsi, sans même y songer, le nouveau visage de l'absolu...

Difficile, que l'on soit ou non croyant, d'être tout à fait insensible à la mise en garde. Elle expliquerait assez les ruses que la passion déploie lorsque, enfin débarrassée des « illusions » religieuses, elle se lance dans la recherche frénétique de ces obstacles qui l'entretiennent ou retardent ses métamorphoses. On s'épargnera le souci de les mentionner ici, les supposant bien connus : ces stratégies fournissent, depuis deux siècles au moins, le ressort le plus sûr d'une littérature innombrable. Il est intéressant, en revanche, d'envisager plus avant l'hypothèse selon laquelle ces tours et détours seraient les ersatz d'une transcendance perdue, les effets visibles d'une dialectique où s'enferment les deux monades réunies pour le meilleur et pour le pire : la dialectique de l'égoïsme et de l'altruisme. Elle traverse et nourrit toute la problématique moderne de l'amour-passion. Des romanciers, des penseurs, des philosophes sérieux, même, se sont posé la question : cette forme d'amour n'est-elle pas contradictoire ? D'un côté l'amoureux (-se) se dit tout entier absorbé (e) par son objet. Il (elle) est pour ainsi dire « hors de lui (elle) ». Il (elle) ne pense qu'à elle (lui), ne voit qu'elle (lui) dans ses rêves et chaque instant de sa vie s'abîme dans le souci du moindre signe émanant de l'autre. Il (elle) est, si l'on veut, « altruiste ». Mais ces émois ne sont-ils pas avant tout les *siens* ? Où se situent les sentiments qu'agite la passion sinon au plus intime de son for

---

1. « Si quelqu'un dit "j'aime Dieu" et qu'il haïsse son frère, c'est un menteur ; car celui qui n'aime pas son frère, qu'il voit, comment aimerait-il Dieu, qu'il ne voit pas ? » (Épître de Jean, I, 4, 7-21.)

intérieur ? L'objet, qui semblait si essentiel un instant plus tôt, n'est-il pas en vérité l'accessoire, la cause occasionnelle d'un affect par nature égoïste qui se repaît d'abord de lui-même ?

Impossible, bien sûr, de trancher entre ces possibles. Mais le débat, qui semble théorique, acquiert une portée très concrète dans le déroulement de la vie amoureuse. La passion a besoin, pour survivre, d'une égalité parfaite entre l'aimé et l'amant. Chacun le pressent, hors les innocents : tout déséquilibre, en amour, est mortel. Il s'agit là d'un axiome, pour ainsi dire de la loi fondamentale d'une physique, qui pour être celle du cœur, n'en est pas moins contraignante que celle des corps. Simone Weil en fit, comme on sait, le thème central d'un petit livre, dont les premiers mots sont éloquents : « Tous les mouvements naturels de l'âme sont régis par des lois analogues à celles de la pesanteur matérielle. La grâce seule fait exception... Pourquoi, dès qu'un être humain témoigne qu'il a peu ou beaucoup besoin d'un autre, celui-ci s'éloigne ? Pesanteur[1]. » Et si le déséquilibre est fatal, n'est-ce pas, justement, parce que les individus livrés à la solitude du face-à-face ne peuvent qu'osciller entre ces deux extrêmes que sont l'anéantissement de soi au « profit » (mais quel piètre profit) de l'autre, ou l'anéantissement de l'autre au profit de soi ?

On jugera sans doute le propos excessif et l'on aura raison : parfois, c'est vrai, l'amour-passion trouve son équilibre. Il se transforme alors en heureuse et tendre amitié. Il vieillit bien, en somme. Mais c'est qu'il a cessé, justement, d'être une passion et permet aux individus de quitter la solitude à deux, de ménager une place aux tierces entités qui viennent tout à la fois séparer et relier les monades. C'est la passion qui est excessive, non les propos qu'on tient sur elle. C'est elle, comme le disent les clichés les plus sûrs, qui est « dévorante ». Nul hasard, en ce sens, si nos grands mythes érotiques, de Tristan à Dom Juan, sont si antithétiques, s'ils s'inscrivent dans le cercle d'une dialectique où les figures de l'altruisme et de l'égoïsme s'opposent comme les termes d'une antinomie.

---

1. *La Pesanteur et la grâce*, Plon, 1991, p. 7.

Et s'ils ont acquis cette envergure symbolique, n'est-ce pas aussi parce que ces deux extrêmes, renvoyant sans cesse l'un à l'autre, définissent les contours de l'espace affectif propre à l'individualisme ?

La figure du soupirant : la négation de soi au profit de l'autre

À défaut de pouvoir longtemps conserver l'équilibre parfait, la réciprocité idéale des sentiments, l'amour-passion se réfugie dans une négation de soi qui confine au mysticisme : comme le mystique recherche la « fusion en Dieu », l'amant vise à disparaître dans l'aimé. Il ne lui reste alors que le soupir, mais il dispose à tout le moins d'un modèle éprouvé : celui de l'amour courtois, saisi déjà dans la poésie du XIIᵉ siècle, puis réinterprété par les romantiques à l'usage des Modernes[1]. L'idéalisation de l'être aimé en est le principal motif : c'est sa perfection, qualificatif d'ordinaire réservé au divin, qui déclencherait les sentiments, les imprimerait dans le cœur de l'amant comme dans un tendre morceau de cire. La passion prend ici son véritable sens : celui d'une passivité absolue. De même que la sensation, dans une optique « réaliste[2] », est causée par l'impact du monde créé par Dieu sur une sensibilité passive, les sentiments sont l'effet irrémédiablement produit par le choc de la rencontre avec l'être

---

1. Les historiens des mentalités notent eux-mêmes combien, à cet égard, le haut Moyen Âge semble plus proche de nous que celui des trois siècles qui précèdent la Révolution française. Gardons-nous, cependant, des illusions rétrospectives : l'amour courtois ne ressemble vraiment à « notre » amour-passion moderne que depuis sa réinterprétation par les romantiques. Sa problématique originelle, essentiellement religieuse, ne nous est plus guère perceptible aujourd'hui. Cf. Denis de Rougemont, *L'Amour et l'Occident, op. cit.*

2. On pourrait établir une analogie parfaite entre le sentiment et la sensation. Comme le suggère Hegel dans la dialectique de la « certitude sensible », c'est par impossibilité à maintenir l'égalité entre le sujet et l'objet que cette figure de la conscience pose d'abord l'objet comme l'essentiel et elle-même comme l'accidentelle. Sur le plan philosophique d'une théorie de la connaissance, cette position correspond au « réalisme » : l'objet existe indépendamment de la sensation, qui est pure passivité, simple reflet, et il en est la cause.

aimé. L'amour courtois est donc, par nature, malheureux : l'aimé doit y rester à jamais transcendant — ce pourquoi la relation demeure le plus souvent platonique, tout à la fois désintéressée et désincarnée. C'est par la négation de soi que le soupirant tente de lever la scission engendrée par le déséquilibre des termes : en s'abolissant tout à fait, il peut espérer rétablir un lien avec ce quasi-divin qu'est l'objet d'amour. C'est par la mort seule que Tristan parvient à s'élever au niveau d'une union dont aucune incarnation terrestre n'est en vérité possible.

Par où l'on voit aussi comment cette abnégation idéale, cet « altruisme » hyperbolique peuvent aisément se renverser en leur contraire : le narcissisme. L'idéalisation de l'être aimé, qui se situe aux confins de l'idolâtrie, ne relève-t-elle pas de ce que nous nommerions aujourd'hui une « projection » ? Le processus devient flagrant lors de sa réappropriation par les romantiques, chez Stendhal lui-même, lorsqu'il décrit le phénomène de la « cristallisation [1] ». En se dégageant de ses motifs religieux (l'idéalisation d'une perfection métaphysique, la fusion avec l'être parfait par la négation de soi), l'amour-passion voue l'amant, qui voulait s'anéantir dans l'aimé, à se retrouver seul avec lui-même. D'abord en vertu de la loi de la « pesanteur » dont le malheureux Stendhal fit si cruellement l'expérience avec Mathilde Dembowski. Mais aussi parce que l'idéalisation, bientôt réduite à la projection, ne renvoie jamais qu'à la vie intérieure de l'amant. Il sombre alors dans cette complaisance envers soi-même qu'est l'amour de l'amour, fût-il malheureux. Quittant la rhétorique de la négation du moi pour l'autre, le soupirant n'est plus que le héros dérisoire d'un égotisme solitaire.

---

1. On connaît le célèbre passage du *De l'amour* : « Aux mines de sel de Salzbourg on jette, dans les profondeurs abandonnées de la mine, un rameau d'arbre effeuillé par l'hiver ; deux ou trois mois après, on le retire couvert de cristallisations brillantes : les plus petites branches, celles qui ne sont pas plus grosses que la patte d'une mésange, sont garnies d'une infinité de diamants mobiles et éblouissants ; on ne peut plus reconnaître le rameau primitif. » Ainsi l'amant habille-t-il l'aimé.

Le mythe de Dom Juan : la négation de l'autre au profit du moi

L'amant devient alors la mesure de toute chose : être, en vérité, c'est percevoir ou être perçu, aimer ou être aimé. Dom Juan est l'équivalent sentimental de cette idéaliste théorie de la perception. Sans cesse il séduit, mais les objets de son charme n'ont qu'une existence indiscernable. Les femmes ne sont pour lui que des silhouettes et c'est dans cette négation de l'autre qu'il peut affirmer son pouvoir et sa liberté suprêmes. Pas plus que Tristan on n'imagine Dom Juan marié, mais les motifs de cette impossibilité se sont inversés : l'être parfait était inaccessible au soupirant et l'amant, renonçant à l'aimée, basculait dans le néant. C'est désormais lui qui est inaccessible, lui qui est toute réalité et ses objets, interchangeables, en deviennent irréels. Ainsi Dom Juan parle-t-il de ses conquêtes comme d'une masse confuse et neutre : « Quoi qu'il en soit, je ne puis refuser mon cœur *à tout ce que je vois d'aimable*[1]. » Seules comptent à ses yeux les « expériences » subjectives, non les êtres particuliers qui en sont la cause occasionnelle. En égoïste rigoureux, c'est à travers elles qu'il espère se saisir pleinement, coïncider enfin avec lui-même, dans la jouissance des énergies vitales que lui procurent d'incessants renouvellements : « Les inclinations naissantes, après tout, ont des charmes inexplicables, et tout le plaisir de l'amour est dans le changement[2]. »

Cette absolue liberté, qui entend régner sans partage sur les cœurs, se renverse, elle aussi, en son contraire. Alors qu'il vise à s'éprouver lui-même, Dom Juan est voué à ne jamais se saisir que dans une perpétuelle extériorité à soi : il veut incarner l'égoïsme le plus parfait, mais il lui faut sans cesse faire appel à l'altérité d'un autre, certes indéterminé, mais néanmoins essentiel à sa vie. Développant le culte du nouveau pour le nouveau, il est renvoyé à la répétition abstraite de moments d'existence qui, pour n'être pas à l'origine dénués de charme, finissent par tous se ressembler. L'excitation fait place à

---

1. Molière, *Dom Juan,* acte I, scène 2.
2. *Ibid.*

l'ennui, la différence pure à l'identité morne d'une nuit
où tous les chats sont gris...

Par où la dialectique nous reconduit, comme il se doit,
vers son point de départ : faute de pouvoir maintenir
l'équilibre des termes, c'est en vain que la conscience
amoureuse cherche à préserver l'unité par la négation de
l'un d'entre eux. Échec suprême du « stade esthétique »,
selon Kierkegaard. Il en concluait, en bon chrétien, que
l'amour entre deux êtres se doit d'être relié par un troisième, les transcendant et les unissant tout à la fois. L'hypothèse pourrait trouver aussi sa traduction dans le cadre
d'un certain humanisme : celui qui accepte enfin de considérer la transcendance de l'autre comme compatible
avec l'immanence à soi, comme ce qui, de l'intérieur du
moi et de ses sentiments, fait éclater les cadres trop étroits
de l'individu monadique.

Les nouveaux visages de l'amour

À ce stade de la réflexion, il est temps d'examiner une
interrogation qui, sans doute, n'a pas manqué de traverser
l'esprit de maint lecteur. Lorsqu'on envisage, ainsi que je
l'ai fait ici en m'appuyant sur les acquis de l'histoire des
mentalités, la « naissance de l'amour moderne », de quel
amour parle-t-on au juste ? À qui fera-t-on croire que les
hommes et les femmes des temps anciens ne s'aimaient
pas tout comme nous le faisons aujourd'hui ? Fallait-il
vraiment attendre l'époque des Lumières pour que le
christianisme prêchât l'amour ? D'évidence non. Mais,
d'évidence aussi, le terme est équivoque. Il recouvre des
réalités bien différentes. Il convient de préciser. Partons
de l'ancien pour mieux saisir le nouveau, c'est-à-dire,
pour nous, de l'Antiquité hellénistique. On sait que le
grec disposait de trois noms pour désigner l'amour : *Eros*,
Philia et *Agapè*[1].

D'Eros, c'est Platon, sans doute, qui nous dit l'essentiel. Freud ne fera que le répéter, vingt-trois siècles plus

---

1. Je suis ici le commentaire donné de ces trois termes par André
Comte-Sponville dans son *Petit traité des grandes vertus*.

tard : le désir sexuel, exalté dans la passion amoureuse, est manque. Il en appelle à la *consommation* de l'autre. Une fois satisfait, il s'abîme dans un néant repu, jusqu'à ce qu'il renaisse et recommence sans autre fin ultime que la mort elle-même. Le mot allemand qu'utilise Freud pour désigner *Eros* renferme en lui cette contradiction, qui est celle de toute vie biologique : *Lust*, tout à la fois désir et plaisir, manque et satisfaction parce qu'ils ne sauraient exister l'un sans l'autre. Toute « excitation » tend à sa propre suppression et c'est pourquoi *Eros* s'abîme toujours en *Thanatos*.

Pour *Philia*, que l'on traduit d'ordinaire par *amitié*, il faut plutôt se tourner vers Aristote. Il lui a consacré les pages les plus belles de son *Éthique à Nicomaque* : à l'inverse d'*Eros, Philia* ne vit pas dans le manque et la consommation, mais au contraire dans cette joie, précieuse et singulière, qui naît de la simple présence, de la seule existence de l'être aimé[1]. Chacun d'entre nous peut se représenter quelque réalité concrète sous ces définitions qui permettent une première précision : c'est de cette *Philia* que les historiens nous apprennent combien elle manquait dans la famille traditionnelle au point de constituer, du moins dans le cadre de la civilisation européenne, une véritable révolution lors de son avènement autour du XVIIIᵉ siècle.

Qu'en est-il, dès lors, d'*Agapè* ? Absente de l'antiquité grecque, elle fait son apparition dans les *Évangiles* pour désigner cet amour que le Christ nous recommande d'étendre jusqu'à ceux qui nous sont indifférents, voire à nos ennemis eux-mêmes. Un amour, donc, qui ne se nourrit pas

---

1. André Comte-Sponville nous propose cette définition de *Philia*, que je reprendrai volontiers : « Je t'aime : je suis joyeux que tu existes... *Philia*, c'est l'amour, quand il s'épanouit entre humains et quelles qu'en soient les formes, dès lors qu'il ne se réduit pas au manque et à la passion (à l'*Eros*). Le mot a donc une extension plus restreinte que le français "amour" (qui peut valoir aussi pour un objet, un animal ou un Dieu), mais plus large que notre amitié (qui ne se dit guère, par exemple, entre enfants et parents). Disons que c'est l'amour-joie, en tant qu'il est réciproque ou peut l'être : c'est la joie d'aimer et d'être aimé... Bref, c'est l'amour-action, qu'on opposera pour cela à *Eros* (l'amour-passion), même si rien n'interdit qu'ils puissent converger ou aller de pair. » *Op. cit.*, p. 330, 334-335.

du manque de l'autre *(Eros)* ni davantage ne se réjouit de sa présence *(Philia)*, mais, à peine envisageable par les hommes, trouve son modèle dans le calvaire du Christ : amour désintéressé, gratuit, sans justification même, puisque c'est peu de dire qu'il continue d'agir hors de toute réciprocité. L'une des rares images que nous puissions nous en faire est sans doute celle-ci : l'amour d'une mère (ou d'un père) pour un(e) mauvais(e) fils (ou fille) qu'elle (il) n'en continue pas moins de chérir. Ou encore cette autre, plus rare encore, qu'évoque aussi Comte-Sponville, sous l'inspiration de Simone Weil [1] : ne pas occuper toujours tout l'espace disponible, « laisser être » ceux que l'on aime. « Vous reculez d'un pas ? Il recule de deux. Simplement pour vous laisser plus de place, pour ne pas vous bousculer, pour ne pas vous envahir... C'est le contraire de ce que Sartre appelait "le gros plein d'être", en quoi il voyait une définition plausible du salaud. Si on accepte cette définition, qui en vaut une autre, il faut dire que la charité, pour autant que nous en soyons capables, serait le contraire de cette saloperie d'être soi. Ce serait comme une renonciation à la plénitude de l'ego, à la puissance, au pouvoir [2]. » Images approximatives, bien sûr, mais qui tentent, comme on dit, de donner une idée, ou plutôt une trace sensible de ce qui, peut-être, n'appartient déjà plus tout à fait à la sphère des sentiments humains.

De la considération de ces trois formes d'amour, André Comte-Sponville tire une leçon qui mérite réflexion : il est clair qu'au sens de *Philia*, je ne puis jamais aimer plus de dix ou vingt personnes en ce monde. Il en reste donc beaucoup, plus de cinq milliards à vrai dire, qui sont hors du champ de cet amour-là. Au-delà de *Philia*, c'est par conséquent la *morale*, le respect légal, abstrait et, en vérité, indifférent, qui prend le relais. C'est lui qui me permet de me conduire avec ceux dont le manque ne me manque guère et l'existence m'indiffère, *à peu près*

---

1. Pour parodier une phrase de Sartre, on pourrait dire du Dieu de Simone Weil qu'il s'est « fait manque d'être afin qu'il y ait de l'être » : lui, qui est infini et parfait, renonce à sa puissance absolue pour que le monde et les hommes puissent exister. C'est dans le contexte de cette théorie de la création qu'il faut comprendre l'idée, si chère à Simone Weil, d'un « Dieu faible ».

2. *Ibid.*, p. 364, 365.

comme si je les aimais. C'est lui qui me commande d'adresser un chèque pour les plus démunis, de participer à une manifestation contre telle ou telle injustice ou, plus simplement encore, d'accepter l'idée que ma liberté s'arrête là où commence celle d'autrui. Un minimum d'*égards*, en somme, qui le plus souvent, si tout va bien, nous tient lieu d'*Agapè*. *Agapè* rendrait la morale superflue, mais voilà, cet amour est si gratuit, si désintéressé qu'il semble inaccessible à l'humain, ce pourquoi le superflu, à savoir la morale, devient, en dernière instance, fort nécessaire. « Agis comme si tu aimais... » : tel est, tout bien pesé, le fin mot de l'affaire. C'est peu, sans doute, au regard de l'idéal christique, mais ce serait déjà beaucoup et même inespéré si l'on songe à la positivité du monde tel qu'il va.

À cette analyse, j'ajouterai seulement ceci : si c'est *Philia* qui s'introduit dans la famille avec l'avènement de l'individualisme moderne, est-il absurde d'imaginer qu'elle nous rende plus sensible aux vertus d'*Agapè* ? On objectera sans doute que l'amour est égoïste, que la famille, sphère privée par excellence, ne se soucie du collectif qu'à mesure des influences qu'il exerce sur elle : les parents s'inquiètent de la situation économique lorsqu'elle constitue une menace pour leurs enfants, de l'École ou de l'université quand ils y entrent, de l'avenir de la médecine et de la Sécurité sociale lorsqu'ils sont malades, etc. Tout cela n'est pas faux. Mais entre cet égoïsme à plusieurs, d'un côté, et de l'autre la morale abstraite des impératifs universalistes, il est, me semble-t-il, un maillon intermédiaire, un trait d'union sensible qui ne devient réellement perceptible qu'après et par l'intrusion de *Philia* dans le domaine privé. Pour être d'abord et avant tout soucieux de nos proches, nous n'en ressentons pas moins une certaine compassion face à la souffrance de ceux dont nous savons désormais qu'ils sont des *alter ego*. Encore fallait-il, pour cela, que l'égalité démocratique s'instaurât en même temps qu'apparaissait la vie sentimentale moderne. Sans cette médiation, en effet, il n'est point de compassion possible à l'égard du genre humain tout entier. Or c'est, me semble-t-il, cette *sympathie* sensible qui va conduire à relativiser les limites étroites d'une antinomie, celle de l'égoïsme et de l'altruisme, où s'enfermait d'abord l'amour moderne. Elle était nécessaire pour que la morale du devoir ne restât pas pure abstraction, pour qu'elle fût, si l'on peut dire, fécondée par *Agapè*. Impossible, pour qui aime ses enfants, de rester tout à fait insensible au malheur qui frappe leurs *semblables*, fût-ce à l'autre bout du monde. Dans un cadre démocratique où l'idée qu'il n'est pas de différence de nature entre les individus fait son chemin, l'égoïsme est voué, *si peu que ce soit*, à se dépasser de lui-même et, pour ainsi dire, par lui-même. Ce dépassement n'a, le plus souvent, pas même besoin d'être l'effet d'un raisonnement, d'une démarche intellectuelle. C'est sur ce fond nouveau que l'aventure humanitaire va s'élever au milieu du XIXe siècle. C'est grâce à lui qu'elle pourra prendre le relais d'une religion chrétienne dont la structure traditionnelle, celle du théologico-éthique, était déjà littéralement minée par les progrès de l'individualisme.

Des nouvelles figures du sacré ?

L'enseignement des historiens est précieux. Il nous permet de mieux comprendre les ressorts d'une éventuelle histoire du sacrifice et, par là, des représentations que les hommes se font du sacré. Le lent processus de désenchantement du monde par lequel s'opère l'humanisation du divin s'avère ainsi compensé par un mouvement parallèle de divinisation de l'humain. Ce qui rend au plus haut point problématique le diagnostic selon lequel nous assisterions purement et simplement à l'érosion des transcendances *sous toutes leurs formes*, vaincues qu'elles seraient par les effets d'une dynamique implacable : celle de l'individualisme démocratique. Tout indique, au contraire, que des transcendances se reconstituent, d'abord dans la sphère des sentiments individuels, mais, sans doute, bien au-delà d'elle, à travers la prise en considération de l'humanité dans son ensemble. Pour être vécues dans l'immanence aux sujets, elles n'en définissent pas moins un nouvel espace du sacré. C'est de cet espace qu'il nous faut maintenant cerner les contours.

CHAPITRE III

LE SACRÉ À VISAGE HUMAIN

Les années soixante furent celles de l'émancipation des corps. Depuis plus de vingt siècles, la tradition judéo-chrétienne avait opposé le monde intelligible au monde sensible, la beauté des Idées à la laideur des instincts, l'esprit à la matière, l'âme au corps. Il fallait faire un procès en réhabilitation. Marx, Nietzsche, Freud, convoqués à la barre des témoins, devaient aider les opprimés à frayer les voies d'un matérialisme joyeux, ludique et sans contrainte. Au terme de cette lutte se profilait la libération sexuelle et, dans son sillage, les premières législations sur l'avortement. Sous ses dehors immoralistes, la révolte se voulait en vérité plus morale que les vieilles éthiques, bourgeoises et vermoulues. Elle plaidait pour l'émancipation du genre humain tout entier.

Changement d'époque : l'exigence de liberté absolue s'est heurtée à de nouveaux obstacles. Aujourd'hui, il ne s'agit plus tant de libérer la corporéité en nous que de la préserver d'éventuelles atteintes émanant des puissances cumulées de la science, de l'industrie et du commerce. Menaces réelles ou fantasmes ? La question mérite d'être posée. Du moins est-il certain qu'après le temps de l'émancipation est venu celui de la sanctuarisation, de la sacralisation d'un corps humain qui ne saurait être livré sans protection aux pouvoirs de la technoscience. Symboles de ces nouvelles préoccupations morales, c'est au cours des années quatre-vingt que verront le jour les

Comités d'Éthique chargés d'évaluer les conséquences du progrès scientifique.

C'est dans la même période, et pour des raisons analogues, que l'humanitaire va lui aussi accéder au premier plan de nos préoccupations morales. Là encore, le contraste avec les années soixante est saisissant. C'est peu de dire qu'au temps de Mai, à l'époque du « tout politique », la charité avait mauvaise presse. Tournée en dérision par les philosophes du soupçon, elle faisait figure, à l'instar de la religion qui l'inspirait le plus souvent, d'opium du peuple. Ce n'est pas du caritatif que pouvait venir la Révolution tant attendue. Tout au contraire, il en constituait l'entrave la plus sûre, l'obstacle le plus redoutable, le miel doucereux destiné à faire passer une potion dont l'amertume seule devait servir de ressort au militantisme authentique : celui qui passait par les voies de la révolte, puis par la reconquête politique d'un État dévoyé dans les intérêts de classe[1]. Les critiques marxiste et nietzschéenne de la « pitié » constituaient un passage obligé des études de philosophie[2]. Je me souviens encore des commentaires éblouis d'un professeur qui nous invitait à méditer les potentialités révolutionnaires de cet extrait de la *Volonté de puissance* consacré à la charité chrétienne : « Proclamer l'amour universel de l'humanité, c'est, dans la pratique, accorder la *préférence* à tout ce qui est souffrant, mal venu, dégénéré... Pour l'espèce, il est nécessaire que le malvenu, le faible, le dégénéré périssent : mais c'est à *ceux-là* que le christianisme fait appel, en tant que force *conservatrice*, renforçant ainsi cet instinct déjà puissant chez les êtres faibles de se ménager, de se conserver, de se soutenir mutuellement. Qu'est la "vertu" et la "charité" dans le christianisme, si ce n'est la réciprocité dans la conservation, cette solidarité des faibles, cette entrave à la sélection[3] ? » Les prolétaires étaient appelés à

---

1. Ce qui n'empêchera pas nombre d'humanitaires de découvrir leur vocation par le biais du tiers-mondisme. Il leur faudra néanmoins opérer pour cela un solide aggiornamento.

2. Luc Boltanski (cf. *La Souffrance à distance*, Métailié, 1993, p. 247 sq.) a bien analysé les ressorts de l'immense littérature, d'inspiration marxienne et nietzschéenne, consacrée dans les années soixante-dix à la critique de la philanthropie comme forme de domination douce.

3. Nietzsche, *La Volonté de puissance*, 151, traduction Albert, Le Livre de Poche, p. 166.

devenir de nouveaux maîtres, et la masse embourgeoisée, conservatrice et abêtie, l'équivalent contemporain des faibles chrétiens...

Sans doute l'opposition de la politique et de l'humanitaire n'a-t-elle pas disparu. Le soupçon que le dernier pourrait servir d'alibi à la première est même au cœur de nos débats contemporains. La question est réelle. Pourtant, la situation s'est, là aussi, inversée : en vingt-cinq ans, le nombre des organisations non gouvernementales à vocation caritative a été multiplié par cent tandis que les derniers militants de la révolution entraient au musée des espèces disparues. Qu'on le déplore ou non, ce n'est plus la politique qui fait figure d'utopie, mais bien le projet de prendre enfin en charge la souffrance et la dignité de l'Autre. Et si l'humanitaire suscite des réactions hostiles, ce n'est plus en raison de ses objectifs, mais parce qu'on le soupçonne parfois de galvauder une idée trop belle pour être utilisée à des fins médiatiques ou idéologiques[1]. À la sacralisation des corps répond ainsi celle des cœurs et, laïcisées, puis rebaptisées, les valeurs de la charité bénéficient d'un élan inconnu. En parole, dira-t-on peut-être, mais point dans la réalité des faits ?

Le pire n'est pas toujours sûr. Menée par deux chercheurs du CNRS, Édith Archambault et Judith Boumendil, une importante enquête sur les dons et le bénévolat paraissait en avril 1995, à la demande de la Fondation de France. Elle ne reçut guère d'échos[2]. Ses conclusions, d'un intérêt réel, témoignent pourtant d'une propension non négligeable à ce « souci de l'autre » en lequel certains ne voudraient voir qu'une mode superficielle. L'interprétation du phénomène, certes, ne va pas de soi et il serait pour le moins hâtif de célébrer sans autre forme de procès l'angélisme de nos contemporains. Sa dimension factuelle, cependant, ne laisse pas d'impressionner : plus de 50 % des Français ont, en 1994, effectué des dons

---

1. C'est ce soupçon qui justifie les critiques les plus radicales, et cette distinction (entre la vérité du projet et ses usages idéologiques) qui en limite la portée. Cf., sur ce point, Bernard-Henri Lévy, *La Pureté dangereuse*, Grasset, 1994, p. 141 sq.

2. *Le Monde*, toutefois, en rendit compte dans son édition du 4 avril 1995.

(contre 40 % en 1993), leur montant global s'élevant à 14,3 milliards de francs, soit une augmentation de 50 % par rapport à 1990. Si l'on ajoute qu'un quart des donateurs est constitué de personnes non imposables, on exclura peut-être l'hypothèse pessimiste selon laquelle ces manifestations de ce qu'il faut bien considérer a priori comme une forme de générosité seraient motivées par le souci mercantile d'une déduction fiscale. D'autant que l'engagement caritatif ne se limite plus au simple chèque par lequel on pourrait imaginer que certains s'achètent une déculpabilisation à bon compte. Dans le même temps, en effet, le bénévolat, sous toutes ses formes, a recruté un million de nouveaux adeptes qui payent, comme on dit, de leur personne ! En 1975, le Secours catholique employait 25 000 bénévoles, 52 000 en 1984, 66 000 en 1989 ! Parmi les différents postes entre lesquels cette nouvelle passion caritative se partage, les actions humanitaires internationales ne figurent sans doute pas au premier rang. Elles viennent même bien après les associations sportives, la santé ou les services sociaux. Elles n'en occupent pas moins une place symbolique, au point qu'elles en viendraient à représenter à elles seules l'ensemble du phénomène. Inexact, bien entendu, mais point tout à fait infondé. Car la solidarité, aujourd'hui, se voudrait volontiers universelle. Le goût de l'aventure aidant, elle aimerait s'affranchir de ses anciens cadres particuliers, nationaux, ethniques, religieux. La Nation, la race et le divin lui-même ne paraissent plus aussi sacrés que la souffrance ou la dignité des simples humains. Voilà qui, peut-être, est nouveau et qu'il s'agirait d'autant plus de penser que cette sacralisation possède de multiples facettes.

Bioéthique : la sacralisation du corps humain

Fécondations in vitro, pilule abortive, insémination artificielle, clonage, expérimentations sur l'embryon humain, eugénisme, nouvelles définitions des limites de la vie et de la mort, dons d'organes, manipulations et thérapies géniques, médecine prédictive : la presse n'en finit pas d'évoquer les inextricables scénarios existentiels, éthiques et juridiques dans lesquels nous plongent ces pouvoirs inédits de l'homme sur l'homme. Jamais, peut-être, les barrières traditionnelles n'avaient autant été mises à mal. Jamais, sans doute, le progrès des sciences et des techniques n'avait suscité des interrogations d'une telle ampleur morale et, osons le mot, *métaphysique* : tout se passe comme si le sentiment du sacré, malgré la « mort de Dieu », subsistait sans que, pour autant, la spiritualité ou la sagesse qui devraient lui correspondre nous soient données. Que le mélange d'inquiétude et de fascination suscité par la bioéthique ne soit pas étranger au thème théologique de la profanation, c'est là ce que trois de ses motifs fondamentaux rendent aujourd'hui, pour ainsi dire, sensible.

Cela vaut d'abord de la question de l'identité ou du propre de l'homme comme tel. Il est non seulement possible de conserver indéfiniment des embryons congelés, de les réimplanter à volonté et de bouleverser ainsi la logique jadis intangible des générations — une femme pouvant, par exemple, devenir la mère de sa sœur[1] —, mais on peut aussi « cloner » les êtres humains, modifier leurs cellules « germinales » avec, pour effet possible, l'apparition de mutations dans l'espèce. Ce n'est donc rien de moins que la question de ce qui constitue l'humanité comme telle et que l'on pourrait faire varier à jamais, qui est virtuellement posée.

Le fait que ces pouvoirs soient à l'entière disposition de l'homme constitue en lui-même un problème majeur. Non seulement il se trouve, pour ainsi dire, juge et partie, mais il ne maîtrise pas, en tout cas pas encore, les effets possibles de ses interventions sur sa propre « nature ». La science contemporaine réactualise ainsi les mythes de Frankenstein ou de l'apprenti sorcier : les créatures que l'être humain peut engendrer risquent de lui échapper de manière irrémédiable. Tout droit à l'erreur lui est donc

---

1. Non seulement l'hypothèse n'a rien d'impossible, mais elle serait même techniquement très aisée à réaliser : il suffirait pour cela de faire naître les embryons de deux sœurs à des époques différentes, en conservant le second assez longtemps pour pouvoir le réimplanter dans le premier !

interdit et il n'est pas, en la matière, d'expérimentation qui puisse se prévaloir d'une quelconque innocence.

De là une troisième interrogation, à laquelle nul, me semble-t-il, ne saurait rester insensible : par qui, selon quelles procédures, au nom de quels critères explicites ou implicites des limites pourront-elles être imposées au déploiement inévitable des demandes individuelles, ou même, comme le souhaiteraient certains, au développement de la recherche scientifique ? Livré à un destin qu'il peut désormais construire, seul aux prises avec ses propres démons, l'homme devra trouver en lui les réponses aux interrogations qu'il a suscitées. Il lui faudra *inventer*, pour ainsi dire *ex nihilo*, les règles de sa conduite face aux puissances qu'il a déchaînées et dont nul ne sait encore comment il parviendra à les dominer.

Voici, je crois, ce que traduisent sans cesse davantage les préoccupations morales que l'on regroupe sous le terme de « bioéthique » : loin d'éradiquer le sentiment du sacré, la laïcisation du monde qui accompagne l'évolution des sciences le rend plus tangible encore. Car elle le déplace vers l'homme et l'incarne en lui. Le corps humain, à l'image de celui du Christ, se fait Temple. Mais la divinité qu'il abrite semble introuvable. Elle renvoie à une âme que nous ne pouvons nommer, même si l'intuition en demeure. Le divin a quitté les cieux, il s'est fait, selon la prophétie hégélienne, immanent. Face à la possibilité du clonage ou de manipulations génétiques qui transformeraient à jamais l'espèce humaine, l'athée n'est pas moins effrayé que le croyant. Simplement, depuis l'avènement de l'homme-Dieu, l'effroi n'est plus lié à la représentation des commandements imposés par le créateur. Seule la gravité des questions posées l'évoque encore, comme le négatif d'un souci auquel l'humanisme laïque ne parvient pas tout à fait à rendre justice. Il tient plus au respect de la créature elle-même, dont le corps n'est valorisé qu'à mesure du cœur qu'il renferme en lui. De la naissance de l'amour moderne à la sacralisation de l'homme, le lien devient ainsi visible.

L'humanitaire ou la sacralisation du cœur

Lorsque Henri Dunant, avec l'aide de Gustave Moynier, fonde la Croix-Rouge le 29 octobre 1863, il n'a qu'une idée en tête : faire reconnaître enfin par le plus grand nombre d'États possible cette « neutralité » qui lui est si chère depuis son premier contact avec l'ignominie de la guerre. D'autres ont déjà conté le destin, grandiose et tumultueux, qui fut celui d'Henri Dunant[1]. Qu'il me suffise d'évoquer ici l'événement fondateur, pour ainsi dire la scène primitive qui en donna le coup d'envoi : le fameux épisode de Solferino. Protestant fervent, membre de la bonne bourgeoisie genevoise, Dunant va chercher l'aventure et la fortune en Algérie où il vient d'acquérir un moulin moderne et performant. Les terres, cependant, lui font défaut et l'administration lui causant d'innombrables tracasseries, il décide de s'en remettre à l'Empereur. En cette année 1859, Napoléon III n'est pas à Paris : il mène, en Italie, une guerre féroce contre les Autrichiens. Dunant ne doute de rien. Il se rend donc en Lombardie pour le rencontrer. Le 24 juin, sa voiture fait halte à Castiglione, à quelques kilomètres du champ de bataille où 40 000 soldats vont mourir en quelques jours ! Dans la petite ville italienne, neuf mille blessés sont entassés dans les rues, au parvis des églises, sur les escaliers des jardins publics, et le sang ruisselle comme l'eau un jour de pluie. Dunant passera plusieurs jours sans dormir, essayant de soigner, sans grand résultat, ces hommes abandonnés de tous. Il ne rencontrera pas Napoléon, mais de retour à Genève, il rédige dans la fièvre un livre qui va faire le tour du monde : *Un souvenir de Solferino*. Les éditions se multiplient et le succès est foudroyant, comme en témoigne cet éloge des Goncourt, qui en sont d'ordinaire si avares : « Ces pages me transportent d'émotion. Du

1. Cf. par exemple, Pierre Boissier, *Henri Dunant*, Genève, 1991 (publication de l'institut Henri-Dunant dont je tiens ici à remercier les membres pour l'accueil qu'ils m'ont réservé). Sur l'histoire de l'action humanitaire moderne, on lira avec profit les ouvrages de Jean-Christophe Ruffin, notamment *L'Aventure humanitaire*, Gallimard, 1994. J'exprime aussi mes remerciements à Bernard Kouchner pour le temps qu'il m'a accordé.

sublime touchant à fond la fibre. C'est plus beau, mille fois plus beau qu'Homère, que *La Retraite des dix mille*, que tout [1]... »

Excessif, sans doute, mais symptomatique : l'ouvrage de Dunant, aujourd'hui encore, ne se lit pas sans émotion. Il est porteur d'une belle idée, d'une idée simple qui, pour n'être pas nouvelle aux yeux des philosophes, garde encore toute sa force auprès du grand public : une fois à terre et mis hors de combat par leurs blessures, les soldats cessent d'être des soldats. Ils redeviennent des hommes, des victimes que plus rien, pas même leur appartenance nationale, ne sépare entre elles. Tel est le sens originel de ce « neutralisme » sur lequel la Croix-Rouge va fonder son action : il ne s'agit pas au départ, comme on le lui reprochera tant par la suite, de nier la responsabilité *politique* de tel ou tel camp, mais d'en faire abstraction dans la seule considération des *victimes*. Le droit humanitaire est né, qui sera d'abord, on l'oublie parfois, un chapitre particulier du droit de la guerre. *Inter arma caritas...* Il n'en apporte pas moins deux nouveautés cruciales par rapport à ses ancêtres légitimes que sont la charité chrétienne et la philosophie des droits de l'homme.

« Ne laisse pas faire à autrui... » : l'extension universelle de la charité et des droits de l'homme [2].

Entre le Bien et le Mal, une nouvelle catégorie morale fait son apparition, au cœur des nouvelles préoccupations caritatives : celle de *l'indifférence* qu'il s'agit désormais de pourchasser sans limite ni exclusive d'aucune nature que ce soit. La Déclaration de 1789 se voit désormais débarrassée du cadre national qui était le sien à l'origine — ce par quoi, en effet, elle ne concernait pas seulement

---

1. Cité par Pierre Boissier, auquel j'emprunte ce récit.
2. « Ne laisse pas faire à autrui... » Invité par l'Académie universelle des cultures à donner une conférence sur « le devoir d'assistance », j'eus l'occasion d'échanger quelques idées avec Robert Badinter, à l'issue de mon exposé. C'est lui qui me suggéra cette formule, pour marquer le « plus » d'universalité que prétend introduire l'humanitaire moderne par rapport aux formes traditionnelles de la charité.

l'homme comme tel, mais aussi le *citoyen*, membre d'une nation aux contours historiques et géographiques déterminés. D'un point de vue philosophique, l'idée d'assistance humanitaire appartient à l'héritage universaliste de la grande Déclaration. Elle repose sur l'idée que tout individu possède des droits, abstraction faite de son enracinement dans telle ou telle communauté particulière — ethnique, nationale, religieuse, linguistique ou autre. Mais elle élève ce principe jusqu'à sa limite extrême, jusqu'au point où le cadre national qui lui sert encore de lieu de naissance tend à s'évanouir. Comme l'écrit justement Jean-Christophe Ruffin : « Jusqu'ici les philanthropes, comme Florence Nightingale, étaient restés prisonniers de leur appartenance nationale : ils avaient milité pour l'amélioration des services de santé des armées, considérant implicitement que c'est à chaque camp de soigner "ses" blessés. Dunant n'a pas ces déformations nationalistes. Il vit, au moins en pensée, dans un monde idéal, et chez les blessés entassés de Solferino, il le trouve. Ce monde de victimes est un monde d'égaux, et pour avoir été frappés par les armes, ces hommes s'en sont délivrés. Ils sont tous devenus neutres [1]. » Non seulement l'humanitaire prétendra s'affranchir du cadre national, mais en prenant aujourd'hui la forme d'un « droit d'ingérence », il ira même à l'encontre de son principe suprême : la sacro-sainte souveraineté des États.

Héritière du christianisme et des droits de l'homme, l'idée humanitaire s'en écarte donc par la portée exceptionnelle qu'elle donne à l'idée d'universalité. Ce par quoi elle s'avère être une notion typiquement moderne et occidentale. Non que le devoir d'assistance fût inconnu des sociétés traditionnelles : toute morale, y compris ancienne, et bien entendu aussi toute religion comportent en elles l'idée d'un devoir de charité. Mais le plus souvent, il restait limité à la communauté particulière définie par chaque tradition. La solidarité ne s'étend pas volontiers jusqu'à l'humanité entière et les guerres de religion ne furent pas de celles qui témoignèrent à l'évidence de la plus grande compassion... Bien plus, au sein du catholi-

---

1. *L'Aventure humanitaire, op. cit.*, p. 50.

cisme même, les prétentions à l'universalisme s'inscrivaient encore sous les auspices du prosélytisme. Ce n'est pas l'Autre en tant que tel qui était l'objet d'un authentique respect, mais le chrétien potentiel. De là cette vocation missionnaire de l'Église, mais aussi les terribles thèses des plus grands théologiens chrétiens sur la « guerre juste ». Bien qu'il doive beaucoup au christianisme, le devoir d'assistance humanitaire appartient à l'espace ouvert par l'avènement, avec la Révolution française, d'un univers laïque qui, justement parce qu'il rompt avec les traditions particulières, prétend s'élever au cosmopolitisme. Une nouvelle religion, celle de l'humanité, vient de naître.

Or c'est là, précisément, que le bât blesse. Si, en principe, l'extension du devoir d'assistance est infinie (il s'étend à l'humanité en général et non seulement à nos proches ou à nos coreligionnaires) et totale (il peut requérir jusqu'au sacrifice de la vie), comment espérer raisonnablement l'appliquer ? Le sujet idéal d'une telle obligation peut-il être réel ? Il devrait s'agir d'une personnalité héroïque d'un genre inédit : motivé non par des valeurs substantielles et charnelles, telles que l'amour des siens, de son pays, de sa culture ou de son histoire, mais par le respect de purs principes, par une sympathie pour ainsi dire abstraite... C'est à cela, bien sûr, que tient d'abord le formidable décalage entre l'idéal et les faits. Car les « objets » du sacrifice sont tout à la fois plus nombreux et plus lointains que jamais. Chaque jour ou presque, les informations télévisées désignent de nouvelles cibles possibles pour d'éventuels militants. Et d'un même mouvement, les motivations du sacrifice requis s'amenuisent : quelle solidarité me relie aujourd'hui au Soudanais, au Cambodgien ou au Tutsi, si ce n'est le sentiment, sans doute réel mais par essence abstrait, d'appartenir à une même humanité ? Comme l'a noté Pascal Bruckner[1] : face aux images qui nous assaillent de toute part, nous faisons l'épreuve de l'abîme qui sépare « voir », « savoir » et « pouvoir ». Et cet abîme nous plonge, par force, dans une indifférence relative. La raison, cependant, en

---

1. *La Tentation de l'innocence*, Grasset, 1995.

tient peut-être moins aux effets pervers de la surinformation qu'à la nature même de l'utopie humanitaire.

La laïcisation du monde, en déliant les hommes de leurs anciennes appartenances communautaires, est la principale source des éthiques universalistes. Or elle implique un double mouvement qui en rend la réalisation difficile, sinon improbable. D'un côté, nous assistons à une divinisation de l'homme comme tel. Mais du même coup, il n'est plus, hors de cette abstraction, aucune entité sacrée, aucune valeur transcendante pour laquelle le sacrifice irait de soi. La nouvelle formule du devoir d'assistance, « ne laisse pas faire à autrui ce que tu ne voudrais pas qu'on te fasse », marque peut-être un progrès par rapport à celle qu'elle démarque. Mais faute d'intermédiaires efficaces entre la sphère privée et l'universel abstrait, il est à craindre qu'elle ne reste pour une large part lettre morte. Face à un projet aussi fragile, on peut parier sans grand risque sur les effets dévastateurs d'une critique de la société du spectacle qui, menée dans le style des années soixante revisitées, allait atteindre son apogée dans la fin des années quatre-vingt.

L'humanitaire en question

Étrange retour des choses : il y a peu encore, la volonté d'intégrer le souci caritatif à la politique pouvait passer pour une belle utopie. La création d'un ministère, puis la codification par l'ONU d'un « droit d'ingérence » semblaient couronner les efforts de ceux qui, au sein même des organisations non gouvernementales (ONG), avaient depuis longtemps déjà mené la lutte contre « le malheur des autres ». Mario Bettati, qui fut aux côtés de Bernard Kouchner l'un des pères fondateurs de ce nouveau droit, le soulignait récemment avec une légitime satisfaction : si le nombre des ONG à vocation caritative a été multiplié par cent depuis 1970, c'est qu'elles répondent à un espoir nouveau après l'effondrement des dernières utopies politiques. À l'ONU même, une résolution de l'Assemblée générale consacrait, en décembre 1990, l'idée de « couloirs d'urgence » permettant un « libre accès aux victimes[1] »...

Malgré le travail accompli, les milliards investis et les vies sauvées, le sentiment qui prévaut aujourd'hui est souvent négatif. Tout cela n'aurait servi à rien, ne serait que poudre aux yeux, agitation fébrile et spectaculaire destinée à dissimuler la passivité de nos États du Nord devant les guerres de l'Est ou du Sud. Saddam Hussein est toujours là, Milošević aussi. Le génocide du Rwanda a eu lieu en direct, presque sous nos yeux et tout laisse penser qu'il pourrait se poursuivre sans entrave au Burundi. Le conflit bosniaque a démontré la faiblesse de l'Europe, les combats fratricides se poursuivent en Somalie, après un départ sans gloire des armées de l'ONU. Lassés par des interventions étatiques qui discréditent parfois leur action, des militants de la première heure en viennent à dénoncer « les prédateurs de l'action humanitaire » (Xavier Emmanuelli), le « piège » (Jean-Christophe Ruffin) ou même le « crime » (Rony Brauman) de cet « humanitaire impossible » (Alain Destexhe). Membres de « Médecins sans Frontières » (MSF), ils s'en prennent à la confiscation de la charité par des États plus soucieux de redorer leur blason terni que d'agir pour le Bien. Tous ils contestent la figure emblématique de Bernard Kouchner : le père fondateur et l'ami de jadis n'at-il pas trahi sa propre cause, dévoyée dans les hautes sphères de l'État et corrompue par le monde des images ? Leur diagnostic converge : l'humanitaire n'est pas une politique, il n'est pas non plus une panacée et c'est sombrer dans la mystification médiatique que de laisser croire qu'il pourrait en tenir lieu.

---

1. Par la suite, la résolution 688 du Conseil de sécurité, arrêtée le 5 avril 1991 à l'issue de la guerre du Golfe, mettait le gouvernement de Bagdad en demeure de laisser les organisations humanitaires porter assistance aux Kurdes. D'autres vinrent encore, la 743 (21 février 1992) créant la « Force de protection des Nations unies » (FORPRONU) chargée de veiller à l'application des cessez-le-feu de Genève (novembre 1991) et de Sarajevo (janvier 1992), la 770 (14 août 1992) destinée à « acheminer l'aide humanitaire partout où elle est nécessaire en Bosnie-Herzégovine », la 794 (3 décembre 1992) constatant « la nécessité urgente d'acheminer rapidement l'aide humanitaire dans l'ensemble » de la Somalie...

Que des intellectuels, voire des politiques leur emboîtent aujourd'hui le pas, on le comprend sans peine : les actions caritatives hautement médiatisées sont devenues le symptôme le plus visible de cette société du spectacle dont il est rituel, depuis bientôt quarante ans, de dénoncer les travers. Elles fournissent donc, à droite comme à gauche, une cible privilégiée, presque un passage obligé pour les contempteurs du monde « politico-médiatique ». Mais que les piques les plus acerbes proviennent des humanitaires eux-mêmes, voilà qui peut sembler plus surprenant au premier abord : ne sont-ils pas en train de scier la branche sur laquelle ils sont juchés ? Lisons, par exemple, la première page d'un récent ouvrage d'Alain Destexhe [1], le Secrétaire général de MSF International : « Jamais le mot (humanitarisme) n'avait autant fait la "Une" des journaux. Jamais il n'a été autant célébré, encensé, porté au pinacle. Militaires, politiciens, industriels, artistes et intellectuels se précipitent à son chevet dans une débauche de bonnes intentions médiatiquement affichées. L'engouement est général... L'ONU en fait une de ses principales préoccupations de l'après-guerre froide. Plus près de nous, des *reality shows* mettent en scène la solidarité de voisinage et le courage des anonymes. Le public n'a jamais été aussi généreux ni les associations caritatives aussi prospères : ce secteur échappe, pour le moment, à la crise ambiante ! Le monde, dans une surenchère permanente de charité, ne sait plus où donner de la tête, du cœur et du porte-monnaie. »

Singulier courroux, qui stigmatise les élans dont il se nourrit. Étrange emportement, qui s'en prend à la générosité d'un public qu'il sollicite. N'avons-nous pas connu, dans l'histoire récente, des passions plus funestes ? Encore un effort et l'engouement qu'il dénonce aura fait long feu. Il est à parier que la critique, elle-même médiatique, des formes modernes de la « charité » aura, ne fût-ce que sur le plan financier, des effets réels dans les années qui viennent. Aussi incongru ou maladroit qu'il puisse paraître, l'assaut ne saurait cependant être balayé

---

1. *L'Humanitaire impossible*, Paris, Armand Colin, 1993. On ne peut, par ailleurs, que recommander la lecture de cet ouvrage plein d'intérêt.

d'un revers de main. Il a le mérite, c'est le moins qu'on puisse dire, d'éviter la démagogie. Il ne provient pas d'un intellectuel en chambre, mais d'un médecin courageux qui a participé à des missions sur le terrain et s'exprime avec conviction au nom d'une des organisations les plus reconnues. Il faut donc tenter de comprendre, examiner plus avant ces critiques et tâcher d'en cerner la portée exacte. Le jeu en vaut bien la chandelle en cette époque où, tout compte fait, les utopies ne sont pas légion.

Les noces de l'éthique et des médias : une fausse charité ?

Pour des raisons évidentes, l'alliée principale de l'action humanitaire est l'image télévisée. En un minimum de temps, elle fournit à un maximum de gens la seule substance qui puisse encore les mobiliser : l'indignation et l'émotion. C'est par elle, d'abord et avant tout, que les organisations caritatives peuvent espérer réunir les fonds et les énergies nécessaires pour mener à bien leurs actions. C'est aussi par elle qu'elles peuvent s'attirer notoriété et légitimité. Indispensable, la tactique n'est pourtant pas sans danger. Car la télévision, c'est le moins qu'on puisse dire, n'a pas bonne presse. Elle discrédite autant qu'elle légitime[1]. Asservies aux contraintes de

---

1. J'ai fait le test, j'allais dire l'épreuve : lire les quinze ou vingt ouvrages récemment consacrés aux méfaits de la société médiatique. La liste est impressionnante et l'on pourrait croire que la télévision a pris la place du Diable lui-même. Voici, sans ajout de ma part ni exagération d'aucune sorte ce que, pêle-mêle, j'ai pu rapporter de cette plongée antimédiatique : la télévision aliène les esprits, elle montre à tous la même chose, véhicule l'idéologie de ceux qui la fabriquent, elle déforme l'imagination des enfants, appauvrit la curiosité des adultes, endort les esprits, elle est un instrument de contrôle politique, elle fabrique nos cadres de pensée, elle manipule l'information, elle impose des modèles culturels dominants, pour ne pas dire bourgeois, elle ne montre de façon systématique qu'une partie du réel en oubliant la réalité urbaine, les classes moyennes, le travail tertiaire, la vie des campagnes, le monde ouvrier, elle marginalise les langues et les cultures régionales, elle engendre la passivité, détruit les relations interpersonnelles dans les familles, tue le livre et toute culture « difficile », incite à la violence, à la vulgarité ainsi qu'à la pornographie, empêche les enfants de devenir adultes, concurrence de façon déloyale les spectacles vivants, cir-

l'audimat, soumises à l'impérieuse logique du spectacle et du divertissement, la culture et l'information médiatiques seraient, si l'on en croit la rumeur, en voie de perdition. Pour des raisons techniques autant qu'idéologiques, la rapidité primerait sur l'exigence de sérieux, le vécu sur le conçu, le visible sur l'invisible, l'image-choc sur l'idée, l'émotion sur l'explication. Après celles de l'« État culturel », ce sont ainsi les illusions et les vanités de la « société médiatique » qu'il faudrait dévoiler. À juste titre parfois, mais souvent aussi par déformation professionnelle, nombre d'intellectuels sont aujourd'hui préoccupés par le maigre contenu substantiel livré par les shows télévisés, fussent-ils présentés sous les auspices de la « culture ». Quant aux sujets touchant l'humanitaire, ils entreraient dans la pire des catégories : au final, la seule chose que nous apprendrions d'un reportage diffusé au journal télévisé, c'est qu'il y a là quelque catastrophe, une part du malheur du monde, des victimes, toutes équivalentes, interchangeables, tout juste bonnes à alimenter les préoccupations de leaders caritatifs eux-mêmes de part en part médiatiques. Critique de fond, s'il en est : c'est ainsi tout ce qui ne se voit pas, tout ce qui ne peut faire l'objet d'une image qui serait tu. C'est-à-dire l'essentiel, à commencer par le poids concret de l'histoire et des significations, chaque fois particulières, qu'une situation catastrophique recèle dès qu'on approfondit un tant soit peu les choses [1].

L'étrange, si l'on y réfléchit, est que cette mise en question des médias reçoive souvent ses plus belles lettres de noblesse d'intellectuels eux-mêmes largement médiati-

---

que, théâtre, cabaret ou cinéma, génère l'indifférence et l'apathie des citoyens à force de surinformation inutile, abolit les hiérarchies culturelles, remplace l'information par la communication, la réflexion par l'émotion, la distanciation intellectuelle par la présence de sentiments volatils et superficiels, dévalorise l'école... À se demander comment un tel monstre peut encore bénéficier de la complicité des autorités civiles, pour ne rien dire du peuple lui-même. À se demander comment, chaque soir, l'immense majorité des citoyens se partage entre ceux qui sont devant leur écran, et ceux qui, tout en le critiquant, s'interrogent sur la façon la plus adéquate d'y accéder dans les meilleurs délais...

1. Cette critique est développée avec verve et talent par Régis Debray dans *L'État séducteur*, Gallimard, 1993.

sés. Comme les fausses subversions des années soixante
auxquelles elle s'apparente, la critique des médias est un
genre littéraire qui s'intègre aisément au prêt-à-penser.
Sans qu'on y prenne garde, elle accède même tout doucement au rang de discours dominant, disponible sur ce qui
ressemble fort à un marché des idées. C'est donc tout
naturellement chez les journalistes [1] à vocation culturelle
qu'elle trouve ses porte-parole les plus empressés. Car sa
force lui vient d'abord des hauteurs philosophiques flat-
teuses (en substance, la critique d'une masse abêtie, alié-
née par « la société du spectacle ») où elle prétend
s'enraciner, tout en puisant dans l'actualité mille petits
faits bien réels qui viennent lui conférer l'allure d'une
vérité empirique incontestable. Elle rencontre ainsi des
échos en chacun d'entre nous : il n'est pas un intellectuel,
pas un journaliste conscient du sens de son métier, pas
un citoyen responsable qui ne soit, en effet, à un moment
ou à un autre, consterné par telle ou telle de nos pitreries
cathodiques. Pas un non plus qui ne s'identifie plus
volontiers à la lucidité supposée du point de vue, forcé-
ment élitiste, de la critique plutôt qu'à celui d'une popu-
lace manipulée par des producteurs sans scrupules. Non
seulement nous avons tous en mémoire de récents phénomènes de désinformation patente, mais il n'est guère
besoin d'être grand clerc pour dénoncer la débilité de certains « prime-time ». Il faut même avouer que la réalité
dépasse les espérances de tout intellectuel critique norma-
lement constitué qui voit là, après l'effondrement des
cibles habituelles du gauchisme culturel, la résurgence
inespérée de nouveaux motifs d'affliction. Pourtant, il me
semble qu'on peut, qu'on doit même renoncer aux char-

---

1. Qui vont bien sûr, scoopisme oblige, jusqu'à se flatter de recevoir
sur leur plateau ou d'accueillir dans leurs colonnes des personnalités
prétendument « non médiatiques ». Ainsi dans *Paris-Match*, titrant
pour la sortie de son dernier livre, *La Quarantaine*, sous une immense
(et superbe) photo de Le Clézio : « Cet exilé volontaire, qui ignore la
presse, a reçu, en exclusivité, PPDA pour TF1 et *Paris-Match* » (Sic !)
— ce qui, pour un antimédiatique *identifié et connu comme tel dans
les médias* n'est, après tout, déjà pas si mal... On pourrait multiplier
presque à l'infini les exemples de ce genre qui, au-delà de l'anecdote,
posent le problème crucial du statut de la critique médiatique des
médias.

mes de cette nouvelle rhétorique. Non pour légitimer l'état de fait, dont c'est peu dire qu'il n'a rien de réjouissant, mais au contraire pour porter le fer au seul niveau où il a quelques chances de produire de salutaires effets.

Commençons par le diagnostic. Lorsqu'on reproche à l'information de gommer la profondeur historique des drames qu'elle visualise, de quoi parle-t-on au juste ? Croit-on sérieusement que les reportages sur la Bosnie ou sur la Somalie auraient décervelé une population républicaine, consciente et informée, qui de toute éternité aurait brillé par ses compétences incomparables quant à l'histoire politique de ces deux pays ? À quel âge d'or mythique fait-on, ici, référence ? La réalité, de toute évidence, est que l'immense majorité du public ignorait *jusqu'à l'existence même* de la Bosnie et de la Somalie avant que la télévision ne s'emparât de leur sort. La vraie difficulté est tout autre qu'on ne le suggère lorsqu'on mesure implicitement l'information télévisée à l'aune d'un cours en Sorbonne : elle tient au fait qu'on ne peut, chaque soir, revenir sur l'histoire de l'Europe orientale ou de l'Afrique. Non seulement le public n'est pas le même qu'à l'amphithéâtre Descartes, mais il a la fâcheuse habitude d'être plus changeant encore. Le but essentiel d'une information ne peut être, dès lors, que de sensibiliser, d'abord, puis de donner l'envie ou le courage d'aller y voir de plus près, dans la presse écrite, puis dans les livres. Il est un lien invisible qui va de l'image à l'écrit par de nombreux intermédiaires et c'est en son sein, pour ainsi dire de l'intérieur, qu'il faut juger la télévision, non en la comparant à ce qu'elle ne sera jamais ni ne devra jamais devenir.

Or de ce point de vue, rien ne permet d'affirmer que les reportages consacrés à ces deux sujets aient tout à fait manqué leur objectif. On vit même sur ces conflits quelques émissions fort convenables, où il fut loisible à tout un chacun, sinon de se former une opinion, du moins de saisir qu'il fallait peut-être y *travailler*. La télévision jouait son rôle : il y avait, certes, du « spectacle », c'est-à-dire, en effet, de l'émotion, mais aussi, autant qu'il est possible à l'image, une incitation à l'intelligence et au savoir. Charge au téléspectateur, mais c'est tout de même un minimum, de poursuivre de son propre chef l'analyse.

On dira que de tels exemples sont trop rares, et on aura sans doute raison. Ils prouvent à tout le moins que la chose n'est pas impossible. Au demeurant, il n'est pas certain qu'à les multiplier jusqu'à franchir des seuils de lassitude, on y gagnerait outre mesure. Méfions-nous de la confusion des genres : la télévision doit rester, qu'on le veuille ou non, un spectacle, elle doit, même dans ses missions culturelles, davantage *donner à penser* que mettre en scène la connaissance en tant que telle. L'image ne peut ni ne doit remplacer l'écrit.

L'objection se poursuivra donc sur un autre plan : celui de l'éthique. Si la vertu de charité ne vaut que par son désintéressement, comment serait-elle compatible avec le narcissisme et les bénéfices secondaires tirés de la médiatisation ? Sous diverses formes, en effet (à propos du bénévolat par exemple), la question ne cesse de hanter les organisations caritatives elles-mêmes. Au point que MSF, sous l'impulsion de Claude Malhuret, finira par adopter en assemblée générale (1979) une motion stipulant que « le fait d'appartenir à MSF ne peut en aucun cas servir d'élément de promotion personnelle [1] ». À l'époque, chacun sait bien dans la salle qui est visé : Bernard Kouchner, bien sûr, et son projet de mener le tapage médiatique autour des « boat-people », ces malheureux qui fuient alors le Vietnam et traversent la mer de Chine dans des conditions réellement atroces. C'est sur ce point (déjà) que MSF va éclater en deux factions. D'un côté Malhuret, Emmanuelli, Brauman, Charhon, de l'autre Kouchner et les siens, souvent des anciens du Biafra. Au-delà des personnes (et il y en a beaucoup d'autres, bien sûr), au-delà des intrigues et des querelles de génération, ce sont, comme le dira Xavier Emmanuelli, deux « cultures » qui s'affrontent, parce qu'elles ne « mesurent pas l'importance des médias à la même aune ». Pour Kouchner, le seul moyen d'agir est d'alerter l'opinion publique : il faut dans l'urgence réunir les fonds nécessaires pour affréter un bateau, *L'île de lumière*, qui deviendra un hôpital flottant, mais aussi un symbole. Il faut faire pression sur les

---

1. Sur ces polémiques internes, et plus généralement sur l'histoire de l'humanitaire moderne, on se reportera avec profit au livre d'Olivier Weber, *French Doctors*, Robert Laffont, 1995.

gouvernants afin qu'ils accueillent les rescapés. Un prestigieux comité de soutien est réuni, où figurent artistes et
intellectuels célèbres. Sartre et Aron se retrouvent à l'Ély-
sée pour défendre le projet. Le sens de cette réconciliation
est, à l'époque, hautement symbolique : ceux qui ont sou-
tenu le Vietnam communiste se lèvent pour sauver des
boat-people... martyrs du régime victorieux ! Ils acceptent
de côtoyer enfin des anticommunistes de toujours, ceux-
là mêmes qu'on traitait de « chiens » il y a peu encore !
Soljenitsyne est passé par là. Xavier Emmanuelli, lui, est
hostile à cette agitation qu'il juge avec une sévérité sans
appel : il publie dans *Le Quotidien du médecin* un article
intitulé « Un bateau pour Saint-Germain-des-Prés » où il
dénonce, entre autres, ce « large cercle de mondains, mar-
quis, mandarins, précieuses et autres faiseurs d'opinion »
des petits cénacles parisiens. Mis en minorité, Kouchner
ira réaliser son projet ailleurs. Avec succès : la précision,
on le verra, est importante. Mais il quittera, non sans tristesse, l'organisation qu'il a tant contribué à faire exister.
De là naîtra « Médecins du monde ».

Quinze ans après, Emmanuelli persiste et signe[1] : le
fameux bateau servit surtout, selon lui, à « ouvrir un nouveau genre aux télévisions, à inaugurer un nouveau spectacle héroïque : la fiction-reportage à chaud. Le bateau
pour le Vietnam est bien arrivé à destination : il a raconté
une œuvre grandiose et généreuse, frayé un chemin pour
d'autres créations, il a promu ses armateurs. Il est bien
arrivé à Saint-Germain-des-Prés ». Mais vient aussi cet
incroyable aveu, qu'il faut citer mot pour mot, et qui,
au final, plaide largement en faveur du choix fait par
Kouchner : « Probablement, la présence du bateau pour
le Vietnam, chargé de journalistes, de télévisions, d'agen-
ces de presse et de photographes en exclusivité, et de
quelques médecins, put-elle influencer les comportements, sauver de nombreuses vies et inciter les politiques
de tous bords à se montrer sur l'écran dans une surenchère de générosité. » Probablement, de nombreuses
vies... Mais n'était-ce pas là, très exactement, le but
recherché et le jeu, dès lors, n'en valait-il pas la chandelle ?

---

1. Cf. *Les Prédateurs de l'action humanitaire*, Albin Michel, 1991.

Par où l'on voit que dans cette première objection les termes de la balance ne peuvent pas, sérieusement, être mis sur le même plan : d'un côté le véniel « péché » de narcissisme, mais de l'autre le refus de l'indifférence et la nécessité objective, concédée par les critiques eux-mêmes, d'alerter une opinion publique seule capable en démocratie de secouer l'inertie des gouvernants. Faut-il, pour éviter l'un, renoncer aux autres et de quelle pureté se prévaloir pour jeter ainsi la première pierre ? Nos évê-ques, si prompts aujourd'hui à condamner les excès de zèle ne s'y sont pas trompés : réunis en assemblée plé-nière ils ont, eux aussi, vigoureusement dénoncé la « sé-cularisation » et la « médiatisation » de la charité[1]. Chacun son rôle ! Mais soyons francs : de toute évidence, le problème est ailleurs et l'objection, pour frappante qu'elle soit, n'a guère de valeur face aux nécessités bien réelles de la « loi du tapage ». Au reste, celle-ci ne date pas d'hier et précède de très loin l'avènement de la société du spectacle. Sans le succès « médiatique » du livre d'Henri Dunant, la Croix-Rouge n'aurait sans doute pas vu le jour. N'oublions pas, en effet, ce qu'en disait déjà, à la fin du siècle dernier, Gustave Moynier : « Les descriptions que donnent les journaux quotidiens placent pour ainsi dire les agonisants des champs de bataille sous les yeux du lecteur et font retentir à ses oreilles, en même temps que les chants de victoire, les gémissements des pauvres mutilés qui remplissent les ambulances... »

Il n'est pas non plus certain qu'en dénonçant les pul-sions narcissiques liées au désir de reconnaissance, on fasse tout à fait justice aux sentiments et aux motivations qui les animent. Que veut-on dire, au juste, lorsqu'on déclare, comme s'il s'agissait d'une condamnation sans appel, que tel ou tel sont « médiatiques » ? Disons les choses simplement : on entend qu'ils cèdent à une forme de prostitution et l'on croit, avec cette évaluation moralis-ante, avoir fait le tour de la question. Certains s'imagi-nent même acquérir par là quelque hauteur de vue, une supériorité éthique, en somme, sur les individus qu'ils prétendent juger. Comme si l'on pouvait en finir de

---

1. Cf. *Le Monde* du 16 avril 1994.

manière aussi simpliste avec la façon dont le problème de la reconnaissance se pose dans la « société du spectacle », comme si l'antique aspiration à la « gloire » ne pouvait avoir aujourd'hui d'autres motifs que ceux, misérables ou dérisoires, de l'arrivisme... Je crois qu'Hannah Arendt s'approchait davantage de la vérité, d'une autre vérité à tout le moins, en décelant sous les stratégies d'accession à la célébrité un rapport inquiet à la mortalité des choses humaines. Pour les historiens grecs, à commencer par Hérodote, la tâche de l'historiographie était, en rapportant les faits exceptionnels accomplis par les hommes, de les sauver de l'oubli qui menace tout ce qui n'appartient pas au monde de la nature. Les phénomènes naturels, en effet, sont cycliques : ils se répètent comme le jour vient après la nuit, et le beau temps après l'orage. Et leur répétition garantit que nul ne saurait les oublier : le monde de la nature, en ce sens, accède sans peine à l'immortalité, au lieu que « toutes les choses qui doivent leur existence à l'homme, comme les œuvres, les actions et les mots sont périssables, contaminées pour ainsi dire, par la mortalité de leurs auteurs ». Telle était, selon Arendt, la thèse tacite de l'historiographie ancienne, lorsque, rapportant les faits « héroïques », elle tentait de les arracher à la sphère du périssable pour les égaler à celle de la nature [1]. Je ne suis pas certain que l'envie et la jalousie, si promptes à se donner des airs de vertu dès lors qu'elles animent la dénonciation indignée des comportements d'autrui, puissent faire droit à cette dimension « métaphysique », résiduelle mais patente, du narcissisme contemporain.

Mais peut-être n'est-ce pas tant la mise en scène du Moi qui semble haïssable que la vision « sentimentale » du monde charriée par les idéologies caritatives. C'est elle, selon une autre objection dissimulée sous la première, qui viendrait annihiler tout effort conceptuel et toute forme d'esprit critique.

---

1. Cf. *La Crise de la culture*, « le concept d'histoire », traduction française, Gallimard, p. 60 sq : « Si les mortels réussissaient à doter de quelque permanence leurs œuvres, leurs actions et leurs paroles, et à leur enlever leur caractère périssable, alors ces choses étaient censées, du moins jusqu'à un certain point, pénétrer et trouver demeure dans le monde de ce qui dure toujours et les mortels eux-mêmes trouver leur place dans le cosmos où tout est immortel, excepté les hommes. »

L'émotion contre la réflexion :
une fausse philosophie ?

Comme la télévision sur laquelle il s'appuie, l'humanitaire ferait appel à l'émotion plus qu'à la réflexion, au cœur davantage qu'à la raison. À l'instar du « Téléthon » ou des « Journées du sida », il serait un spectacle avant d'être une analyse, une savante mise en scène de « bons sentiments » jointe à une dose convenable d'images culpabilisantes s'avérant propre à ouvrir la voie du cœur et du portefeuille des plus réticents. Concédons, puisqu'il le faut, la nécessité du tapage mobilisateur. Mais l'émotion ne vaut pas démonstration et, une fois passé le choc des photos, que reste-t-il dans les têtes ? Quelle compréhension un tant soit peu sérieuse des causes réelles, culturelles, historiques ou politiques du « malheur des autres » ? L'humanitaire médiatique excite l'indignation du public en désignant à sa pitié des « victimes abstraites », toutes interchangeables entre elles. La souffrance n'est-elle pas universelle ? Au nom des affects, il nous ferait perdre l'intelligence du contexte géographique et historique.

L'arrière-fond de cette seconde objection ne saurait échapper : il ne s'agit plus seulement de dénoncer le narcissisme des personnes ou même la superficialité des médias, mais, bien au-delà, les dangers d'un règne de l'émotion en politique. De bons intellectuels ne cessent d'y insister : le primat du sentimental sur l'intelligence a toujours été le fait des régimes fascistes, qui réclament l'adhésion sans discussion ni réflexion à des valeurs ou à des leaders charismatiques, pour ne pas dire à des *Führer*. La raison et l'esprit critique, cette distanciation que ne permet pas, justement, l'image, sont leurs ennemis naturels. L'humanitaire serait-il un fascisme doux ?

La critique semble implacable. Elle passe pourtant à côté de l'essentiel. J'ai déjà suggéré comment, d'un point de vue historique, l'idée d'assistance humanitaire s'inscrivait dans l'héritage de la Déclaration des droits de l'homme. Or cette Déclaration repose, c'est même là tout son apport, sur l'idée que les hommes possèdent des droits, *abstraction faite* de leur enracinement dans telle ou telle communauté particulière — ethnique, nationale, religieuse, linguistique ou autre. C'est précisément parce qu'il adopte cette optique universaliste que l'humanitaire ne doit considérer, en effet, que des victimes « abstraites ». Mais loin qu'il s'agisse d'un effet pervers, c'est son essence et, n'ayons pas peur des mots, sa grandeur qui sont en jeu : en sécularisant la charité, il l'étend au-delà des solidarités traditionnelles. Fort heureusement, il ne choisit pas « ses » victimes en raison de liens communautaires qui nous unissent à elles et c'est pourquoi le contexte *doit* lui être, du moins a priori et dans un premier temps, indifférent.

Dans *La Lenteur*, Véra, la femme de Milan Kundera, interroge son mari sur la Somalie : « Est-ce qu'il y a aussi des vieux qui meurent dans ce pays ? » La réponse vient, ironique et désabusée : « Non, non, ce qui a été si intéressant dans cette famine-là, ce qui l'a rendue unique parmi les millions de famines qui ont eu lieu sur cette terre, c'est qu'elle fauchait seulement les enfants. Nous n'avons vu aucun adulte souffrir sur l'écran même si nous avons regardé les informations tous les jours, précisément pour confirmer cette circonstance jamais vue [1]. » Du reste, ajoute le grand écrivain, c'est en bonne logique qu'on a confié aussi à des enfants le soin de réunir les fameux sacs de riz adressés en grande pompe aux petits Somaliens : la vision sentimentale du monde, abstraite et médiatique, baigne dans l'infantilisme et le jeunisme où sombrent aujourd'hui les sociétés modernes. Victoire de la niaiserie ? Oserai-je dire que je n'en suis pas sûr... Comment ne pas songer aussi, en contrepoint, aux pages que Hans Jonas a consacrées à l'enfance dans *Le principe responsabilité* ? Il y voyait l'archétype permettant de saisir, dans son essence la plus originelle, la source de toute responsabilité à l'égard d'autrui. Pour une raison simple, mais moins « niaise » qu'il y paraît : l'enfant non seulement est vulnérable, mais sa vulnérabilité est a priori, si l'on peut dire, une « vulnérabilité pour autrui » : sa vie ne peut se poursuivre sans l'aide des adultes. Elle fait donc signe, en tant que telle, sans passer par le détour d'aucun raisonnement, vers une *réponse immédiate de*

---

1. Milan Kundera, *La Lenteur*, Gallimard, 1995, p. 20.

leur part. Elle incarne ainsi, avant toute demande explicite (comment le nourrisson pourrait-il demander quoi que ce soit ?), un appel à autrui qui n'est pas ni ne saurait être marqué, comme il le peut dans le monde des adultes, par une quelconque réciprocité. Voilà pourquoi, selon Jonas, les États ont envers les enfants qui dépendent ou pourraient dépendre d'eux, « une responsabilité bien différente de celle du bien-être des citoyens en général ». Et il poursuit : « L'infanticide est un crime comme n'importe quel autre meurtre, mais un enfant qui meurt de faim, c'est-à-dire accepter qu'il meure de faim, est un péché contre la première et la plus fondamentale de toutes les responsabilités qui puissent exister pour l'homme comme tel[1]. » J'ajouterais que dans l'optique universaliste qui est heureusement celle de l'action humanitaire, l'enfant incarne par excellence la catégorie abstraite de la victime : non seulement sa responsabilité n'est pas engagée dans les conflits dont il meurt, mais son appartenance à quelque communauté que ce soit est encore problématique.

À cet égard, l'intervention en Somalie, malgré l'échec politique et militaire que tous soulignent aujourd'hui à juste titre, est exemplaire. Aucune solidarité communautaire ne reliait les Occidentaux aux Somaliens. Aucun intérêt économique ou stratégique ne fut vraiment décisif. C'est bel et bien, comme l'a écrit Rony Brauman, sous la pression de l'opinion publique, via CNN, que l'opération a été déclenchée. On peut le regretter, mais tout autant s'en réjouir car c'est aussi, tout bien pesé, l'un des bienfaits des démocraties que le peuple y soit parfois plus vertueux et plus puissant que ses dirigeants. Et l'on ne voit en vérité, dans l'histoire de l'action humanitaire depuis ses origines, aucun autre exemple d'intervention qui soit exempt de toute solidarité de type traditionnel, ethnique ou religieux. C'est là un phénomène qui mériterait d'être analysé plutôt que tourné en dérision — ce qui, bien entendu, n'excuse en rien les lenteurs, les erreurs

---

1. *Le Principe responsabilité*, trad. aux éditions du Cerf, 1990, p. 185. Pour autant, je ne partage pas la prétendue « démonstration » de Jonas touchant le caractère « ontologique » du devoir de responsabilité face à l'enfant.

monumentales et les fautes commises par l'armée [1]. Il faut
en tirer les leçons. Mais l'échec politique et militaire ne
doit pas conduire à occulter le succès humanitaire [2]. Il y
a trente ou quarante ans encore, les Somaliens seraient
sans doute morts au complet dans l'indifférence la plus
totale — ce ne sont pas les exemples analogues qui manquent. Plusieurs centaines de milliers furent sauvés. Et, de
ce point de vue, le rôle joué par l'émotion d'une opinion
publique alertée par les médias n'est-il pas, réflexion faite
justement, indispensable ?

L'alibi de l'inaction et de la lâcheté : une fausse politique ?

On l'aura dit et répété à satiété : l'humanitaire n'est
pas une politique. Et, bien entendu, ce disant, on a mille
fois raison : les États ont leur logique qui n'est pas celle
des bons sentiments, mais plutôt de la puissance, du
cynisme et de la force. La « découverte », à vrai dire,
n'est pas neuve. Mais elle génère, contre l'humanitaire *en*
politique, suspect d'accréditer l'illusion d'une « politique
morale », une série d'objections dont la présence est si
fréquente dans les médias qu'on se contentera de les rappeler : en déculpabilisant les citoyens à bon marché (un
petit chèque suffit), l'humanitaire les détourne des nécessités de l'action réelle, qui est d'abord sociale, diplomati-
que ou militaire ; bien plus, il risque, en s'attaquant aux
effets plutôt qu'aux causes, de prolonger les conflits et,
par là même, les misères qu'ils engendrent ; une fois sur
le terrain, il sert d'alibi à l'inaction des États, comme on
l'a vu en Bosnie, où nos casques bleus, censés séparer et
protéger les populations en guerre, en devinrent des ota-
ges ; l'humanitaire d'État, inefficace, menace ainsi l'humanitaire privé qu'il discrédite auprès de ceux qu'il
entend secourir ; fausse politique, il est aussi une fausse
justice et un faux droit : non seulement l'ingérence est
contraire au principe de la souveraineté des États et fait

---

1. Cf. sur ce point, les analyses de Rony Brauman dans *Le Crime
humanitaire*, Arléa, 1993.
2. Comme l'a souligné, à maintes reprises, Mario Bettati.

craindre à certains le retour d'un colonialisme déguisé, mais en outre, les interventions qu'elle prétend légitimer sont arbitraires : pourquoi la Somalie ou l'Irak et pas le Tibet ou la Tchétchénie ? N'y a-t-il pas deux poids et deux mesures ? Sous l'abstraction « droit de l'hommiste » selon laquelle les victimes seraient toutes égales, se dissimuleraient bien entendu des préférences inavouables...

Là encore, les choses ne sont pas si simples qu'il y paraît. Car il faut bien, en toute rigueur, se garder de confondre dans le même opprobre une sélectivité voulue, en effet indécente, et une sélectivité imposée par la nécessité[1]. Que ce soit pour les organisations gouvernementales ou pour les États, il est clair qu'il est plus délicat d'intervenir en Chine ou en Russie qu'en Somalie. *Ultra posse nemo obligatur*, à l'impossible nul n'est tenu, disait déjà le droit romain. Gardons-nous surtout de l'illusion selon laquelle il faudrait supprimer la « diplomatie humanitaire » pour redonner toute sa place à une diplomatie traditionnelle. On risquerait fort d'être déçu. Rien ne permet en effet d'affirmer que l'humanitaire soit nécessairement concurrent, voire exclusif de l'intervention militaire. Croit-on sérieusement qu'en Bosnie par exemple, nos États européens seraient davantage intervenus sans l'action humanitaire, que c'est à cause d'elle qu'ils sont restés si longtemps silencieux ? Et pouvons-nous être certains que, cinquante ans plus tôt, en l'absence de ce fameux tapage médiatique mais aussi d'une aide alimentaire bien réelle, la ville de Sarajevo n'aurait pas été rayée de la carte dans l'indifférence la plus totale ? Ne confondons pas le cynisme des États qui s'abritent derrière l'action humanitaire avec l'utilité réelle qui est la sienne et la noblesse dont elle sait parfois faire preuve...

La vraie difficulté, celle qu'il faudra résoudre dans les années qui viennent, se situe, me semble-t-il, ailleurs : comment concevoir, désormais, des rapports convenables entre humanitaire et politique ? Les confondre serait absurde et, qui plus est, nuisible dans la pratique : les partis pris des États, quels qu'ils soient, risquent de mettre

---

1. Cf. La mise au point de Mario Bettati dans son article « Action humanitaire d'État et diplomatie », paru in *Les Relations internationales à l'épreuve de la science politique*, Economica, 1993.

en péril l'action des organisations privées et c'est pourquoi, du reste, la Croix-Rouge a maintenu jusqu'à ce jour
le principe de neutralité. Les séparer tout à fait et, pour
marquer symboliquement cette séparation, supprimer le
ministère de l'Action humanitaire ? Ce serait à nouveau,
ne fût-ce que sur un plan symbolique, renvoyer la politique au cynisme, et la morale au seul domaine privé.
Erreur funeste en des temps où, plus que jamais peut-
être, les citoyens expriment la volonté de voir certaines
aspirations éthiques prises en compte, c'est-à-dire, *repré-
sentées* par l'État [1]. Nous fûmes sans doute nombreux à
être choqués davantage encore par l'embarras et l'absence
d'explication cohérente de nos représentants politiques,
que par la décision, au final compréhensible (et admise
par le Président bosniaque lui-même), de ne pas intervenir
militairement. Il faudra donc, dans l'avenir, articuler les
deux sphères : s'il est vrai que l'humanitaire n'est pas
une politique, une politique démocratique ne saurait pas
non plus faire l'économie du souci humanitaire.

Pour avancer dans cette voie, il faudra tenir compte,
plus et mieux que les humanitaires ne l'ont fait jusqu'alors, des résistances traditionnelles qui furent celles
de la politique à son égard, à droite comme à gauche.
Pour des raisons qui apparaissent maintenant au grand
jour, les théories politiques du XIXe siècle furent toutes,
malgré quelques déclarations de principe, hostiles aux
formes internationales de la « charité publique » : à l'extrême droite, parce qu'il fallait, en vertu des lois d'un
certain darwinisme social, laisser la sélection naturelle
éliminer les faibles ; chez les libéraux, parce que la logique du marché devait, à terme, résoudre d'elle-même toutes les difficultés ; et du côté de Marx, parce que c'est à
la Révolution qu'une telle tâche était dévolue... Ces nouvelles théodicées s'entendaient à merveille pour éluder le
problème central que l'humanitaire repose aujourd'hui à
l'opinion publique : celui de la persistance, dans un
monde qui se veut « moderne », dans un monde où l'im-

---

1. Claude Malhuret et Xavier Emmanuelli ont d'ailleurs accepté
d'exercer cette représentation au plus haut niveau, montrant ainsi que
leurs critiques de « l'humanitaire politique » se contenaient dans certaines limites.

mense majorité des Nations ont signé la Déclaration universelle des droits de l'homme, du mal radical. Face à l'énigme renouvelée du démoniaque, nos sociétés laïques, privées de mots et de concepts adéquats, se devaient de réagir. Sur le terrain de l'éthique plus que de la politique, d'abord, mais aussi, par-delà le bien et le mal, sur celui du *sens*. Lutter contre le mal, combattre le malheur des autres et, pour cela, partir au risque de sa vie dans des contrées lointaines où la folie des hommes offre au moins le mérite de suspendre la banalité de la vie quotidienne ? N'est-ce pas là le fin mot de cette fascination qu'exerce encore, malgré les critiques dont elle fait l'objet, l'utopie humanitaire ? Elle résonne comme une promesse de *sens* dont la politique, et la morale elle-même, sont tragiquement dépourvues. La promesse n'est pas fausse, du moins pas tout à fait. Mais elle recèle un piège, le seul, à vrai dire, dont les ruses soient assez subtiles pour défier la réflexion philosophique.

Le sens de sa vie par autrui ou avec autrui ?

À l'initiative du photographe Roger Job paraissait, en décembre 1994, un recueil de lettres[1] visant à dévoiler dans leur intimité la plus simple et la plus concrète les motivations de l'engagement caritatif. Adressées à la famille, aux collègues ou aux amis, ces petits textes n'ont pas été rédigés pour être publiés. C'est après coup, et souvent bien des années plus tard, que leurs auteurs ont accepté qu'ils fussent réunis en un livre. Sans signature ni signe extérieur d'aucune sorte, par simple souci, donc, de témoigner d'une expérience plus complexe qu'ils ne l'avaient imaginée a priori. On y découvre avec intérêt, parfois même avec émotion, les angoisses et les joies vécues par ceux qui, au fil des destins et des mobiles les plus divers, ont choisi de consacrer une part de leur existence à cette étrange aventure. Rien de grandiose, encore moins de grandiloquent dans ces témoignages qui portent le plus souvent sur les détails de la vie quotidienne. Et

---

1. *Lettres sans frontières*, aux Éditions Complexe.

pourtant sans cesse, pour ainsi dire omniprésente entre les lignes, la lancinante question du sens de sa vie.

Écoutons Serge qui écrit à ses parents, de Somalie en mars 1982 : « Le travail est extrêmement exténuant mais je deviens follement heureux d'être médecin et je réalise enfin que tout ce qui m'a fait râler pendant sept ans sert à quelque chose... L'expérience que je vis ici est fantastique. Je réapprends à vivre... »

Ou encore Alain, engagé au Tchad en février 1986 : « Je ne comprends pas la haine. Ces soldats qui s'entre-tuent et que je soigne parlent la même langue. Ils ont les mêmes coutumes, souvent même les mêmes amis... Je regrette de ne pouvoir emmener une petite demi-heure tous les candidats militaires ici. Je pourrais leur montrer les trous larges comme le poing dans les fémurs. Je leur ferais entendre les cris de douleur. Je leur ferais sentir l'odeur de pus et de merde qui accompagne les combats menés au nom d'un idéal mal compris... »

Que ce soit en positif ou en négatif, l'action humanitaire est perçue par ceux qui la pratiquent comme pour-voyeuse d'expérience, d'enseignement et de sens. Ainsi que le confie Rony Brauman, dans la préface qu'il donne à ce recueil, on y éprouve « le bonheur, d'abord, d'avoir arraché une vie à l'étreinte de la mort, d'avoir ajouté un peu de sens à sa propre vie... ». Et l'ancien président de MSF y insiste : « Par-delà les grands débats sur l'Ordre mondial nouveau ou replâtré, sur le cynisme des puissants ou l'universalité de la morale, par-delà leurs peurs ou leurs frustrations, ils (les humanitaires) savent que leur choix les range parmi les derniers privilégiés de la moder-nité : ceux qui ont pu donner un sens à leur vie. »

Un sens *par Autrui* ? Sans doute, puisqu'il est dans la structure même du sens que de nous être donné dans la relation à l'autre. Faut-il pour autant admettre, sans autre précision, l'équation selon laquelle[1] sauver une vie reviendrait à justifier la sienne ? Peut-être. Je n'aurai pas la prétention d'en juger. Simplement, il me semble que l'hypothèse renferme encore bien des interrogations. S'il est à mes yeux un « piège humanitaire », c'est bien celui

---

1. Ce n'est pas ainsi, bien sûr, que l'entend Rony Brauman, mais la problématique du sens peut être encore explicitée.

qui résiderait dans une interprétation erronée du « sens par autrui ». Un risque que Hegel désignait déjà sous la catégorie du « mauvais infini » : ce besoin de rechercher sans cesse, pour ainsi dire par défaut, le sens dans une altérité à jamais fuyante. La misère des autres ne saurait servir de prétexte, si noble soit-il, à dissimuler la nôtre et il y a parfois plus de courage à travailler chez soi et sur soi-même qu'à parcourir le monde. Donjuanisme de la charité : chercher par autrui à éprouver le sens en soi. Projet désespéré si la tâche, qui se confond avec le malheur du monde, est aussi inépuisable que lui et le sens à jamais insaisissable.

La générosité suppose la richesse. Elle déborde et rayonne sur les autres au lieu de s'en nourrir. C'est là du moins ce qu'enseigne Aristote dans son *Éthique à Nicomaque* : il faut, assure-t-il, être riche pour être généreux. Souvent (mal) comprise comme le signe d'un aristocratisme méprisant, la proposition annonce la parabole des talents : « Il ne négligera pas non plus son patrimoine, celui qui souhaite l'employer à secourir autrui[1]. » Entretenir son patrimoine : c'est aussi en nous, et non seulement dans les autres, qu'il faut apprendre à reconnaître la transcendance et le sacré. En nous et non seulement par les autres, qu'il faut savoir les préserver contre le feu croisé des religions dogmatiques et des anthropologies matérialistes. Telle est la condition pour vivre, non seulement *par* ou *pour* autrui, mais aussi *avec* lui.

Si l'humanitaire est porteur de sens, il ne peut, me semble-t-il, en rester à son aspect négatif, celui de la seule « morale de l'urgence » (la justification de soi par le malheur des autres). Il ne peut faire l'économie d'une réflexion sur les possibilités de retrouver hors des religions traditionnelles un *sens commun*, avec ceux dont la souffrance et la dignité lui apparaissent, à juste titre, comme sacrées. Il doit renouer, au-delà même de l'éthique qui l'anime, avec les lieux qui furent traditionnellement ceux de la *vie commune*, la culture et la politique. S'il nous apprend à reconnaître le sacré dans l'homme, il doit aussi nous inciter à chercher comment ce nouveau

---

1. *Éthique à Nicomaque*, 1120 b.

visage du sens peut et doit irradier une culture et une politique démocratiques dont le désenchantement *semble* être aujourd'hui la principale caractéristique. À tort, peut-être...

La réassomption du sacré dans la culture et dans la politique

C'est sans nul doute dans la sphère de l'art que la fin de l'enracinement religieux des normes et des valeurs a produit les bouleversements les plus sensibles. C'est en elle aussi que la réassomption du sacré pourrait permettre ce renouveau, tant attendu depuis la mort clinique des avant-gardes, d'un monde commun aux hommes de ce temps. Trop souvent, en effet, nous vivons aujourd'hui dans les cultures du passé, loin des formes contemporaines d'un art qui reste encore trop distant de son public. Il faudrait parler d'une fin du « théologico-culturel » pour nommer avec justesse la mutation extraordinaire qui caractérisa la modernité, au moins depuis le XVIIe siècle. Impossible de comprendre notre situation actuelle au regard des œuvres si nous ne saisissons pas, ne fût-ce que dans son principe, les grands moments de cette évolution. On pourrait tenter, au plus simple, de les décrire ainsi :

Dans les civilisations du passé, les œuvres d'art remplissaient une fonction sacrée. Au sein de l'antiquité grecque encore, elles avaient pour mission de refléter un ordre cosmique extérieur et supérieur aux hommes. C'est par cette extériorité qu'elles recevaient une dimension quasi religieuse, s'il est vrai que le divin est par essence ce qui échappe aux hommes et les transcende. Elles étaient, au sens étymologique, un « microcosme », un petit monde censé représenter à échelle réduite les propriétés harmonieuses de ce tout de l'univers que les Anciens nommaient *Cosmos*. Et c'est de là qu'elles tiraient leur grandeur « imposante » : au sens propre, leur capacité à *s'imposer* à des individus qui les recevaient comme données du dehors. L'œuvre possédait alors une « objectivité » : elle exprimait moins le génie de l'architecte ou du sculpteur que la réalité divine dont il était l'intercesseur auprès des hommes. Nous le percevons encore si bien qu'il nous importe peu de rechercher le nom d'un artiste derrière les chats en bronze des salles d'égyptologie : l'essentiel est qu'il s'agit d'un animal sacré, transfiguré comme tel dans l'espace de l'art.

C'est peu de dire que notre situation au regard des œuvres a changé. Elle s'est même inversée au point que le nom d'un créateur nous est parfois familier alors que nous ignorons l'essentiel de son art. Il suffit pour s'en convaincre de songer à l'attitude du public qu'on dit « cultivé » à l'égard de la musique savante contemporaine : le nom des compositeurs accède parfois à une exceptionnelle notoriété qui reste cependant refusée à leurs compositions elles-mêmes. Saisissant contraste : les bourgeois allemands de Leipzig entendaient encore la musique de Bach sans se soucier le moins du monde du nom de son auteur. L'affirmation de Nietzsche, selon laquelle la vérité de l'art se trouve dans l'artiste, s'est réalisée au-delà de toute prévision : l'œuvre n'est plus le reflet d'un monde harmonieux, extra-humain, mais l'expression achevée de la personnalité d'un individu singulier, exceptionnel : le génie qui tire de sa richesse intérieure la matière de ses créations.

La crise qui affecte aujourd'hui les avant-gardes ne se comprend pas hors de cette subjectivisation de l'art. Sans doute tient-elle aux effets tardifs de la contradiction interne qu'impliquait d'emblée l'idée d'innovation absolue. Comme l'a très tôt compris Octavio Paz, le geste de la rupture avec la tradition, l'idéal de la *tabula rasa*, est devenu lui-même, en cette fin de siècle, tradition. Les signes de subversion qui ont scandé l'histoire de l'avant-garde ne nous surprennent plus. Ils se sont banalisés, démocratisés au point d'entrer au musée à côté des formes d'art les plus classiques. Mais il y a plus : comme jadis l'instituteur républicain, l'artiste d'avant-garde s'est donné pour tâche d'achever la grande Révolution, d'extirper jusque dans les cœurs, dans l'intimité du goût, les dernières survivances de la tradition. Spécialité française, l'avant-gardisme partage avec l'anticléricalisme, auquel il s'apparente dans la forme, ce souci d'éradiquer les relents du passé pour valoriser le nouveau en tant que tel. Et c'est dans ce mouvement qu'il fut conduit à exalter la subjectivité, à cultiver l'originalité pour l'originalité.

Pour le pire comme pour le meilleur, notre univers laïc tend donc à récuser toute référence à ce qui est extérieur aux hommes au nom d'une exigence sans cesse accrue d'autonomie. N'est-il pas normal, dans ces conditions, que l'art lui-même se soit rendu à l'impératif d'être « à l'échelle humaine », de part en part créé par des hommes et pour des hommes ?

Tout irait pour le mieux dans le meilleur des mondes si cette aspiration humanistique ne s'était inéluctablement traduite par une interrogation de plus en plus pressante : existe-t-il, peut-il même exister une « grandeur moderne » ? N'est-ce pas là une contradiction en soi ? La grandeur n'est-elle pas liée de manière indissoluble à la représentation d'un univers transcendant, extérieur aux individus, et pour cette raison même *imposant* ? Comment ce qui n'est qu'immanence à l'humanité pourrait-il encore posséder ce caractère sacré en l'absence duquel tout n'est que divertissement et vanité — à tout le moins, familière proximité ? Encore étudiant en théologie, le jeune Hegel se demandait quelle pourrait être « la religion d'un peuple libre ». Il entendait par là réfléchir aux conditions dans lesquelles l'humanité pourrait enfin *se reconnaître* dans une culture commune, débarrassée de tout dogmatisme, de cette extériorité opaque que condensent les « arguments d'autorité ». Il fallait selon lui émanciper la religion chrétienne de sa « positivité », de tout ce qui en elle restait encore rebelle à l'esprit humain. Mais c'était là, du point de vue de la tradition, supprimer la religion elle-même, la contraindre à se couler dans les limites de la simple raison. Et si l'art est lui aussi sacré, « présentation sensible du divin » ou de ses symboles, comment ne pas admettre, comme le fit Hegel, qu'avec la religion, il entrait dans la sinistre catégorie des formes dépassées de la culture ?

Nous vivons ainsi la fin du grandiose, du moins au sens qu'on vient de dire. Quel philosophe de ma génération oserait sans sourire, sans prêter à rire, se comparer à Platon et Aristote, ou même, plus près de nous pourtant, à Spinoza, Kant ou Hegel ? Quel compositeur prétendrait être le Mozart ou le Beethoven d'aujourd'hui ? Quel politique, sans même remonter plus avant dans l'histoire, se comparerait à Clemenceau, de Gaulle ou Churchill ? Et pourquoi ces simples exemples, qu'on pourrait aisément multiplier et adapter selon les goûts de chacun, sont-ils si saisissants pour tout homme de bonne foi ? Manque de recul historique ? Effondrement intellectuel de l'humanité ? Je ne le crois pas. Au reste, il suffirait de se tourner du côté des scientifiques pour que la situation nous apparaisse fort différente. Nous n'aurions guère de peine à y déceler de grands esprits. D'évidence, c'est la culture classique, celle des humanités qui a changé de statut, au moment même où elle se détachait de la religion.

Il faut, avec insistance, revenir à cette question : si la source de toute œuvre est humaine, donc, du point de vue traditionnel et sans vouloir faire une formule facile, trop humaine, la culture laïque n'est-elle pas elle aussi vouée à se situer à hauteur d'homme ? N'est-ce pas là d'ailleurs l'origine de tous les débats qui partent aujourd'hui d'un diagnostic pessimiste sur le déclin, la défaite ou la décadence de la culture contemporaine ? Dans l'éclipse de la transcendance verticale du sacré, n'est-ce pas, au sens propre et sans que cela soit à entendre aussitôt comme un jugement de valeur, la *platitude* qui menace ? Comment l'être humain pourra-t-il tirer de lui-même, sans référence à un dehors radical et plus imposant que lui, le matériau d'une grandeur moderne ? Voilà, je crois, la question de cette fin de siècle. Les « grands hommes », qu'ils fussent des politiques, des philosophes ou des artistes, n'étaient-ils pas avant tout ceux qui incarnaient des entités sublimes : Divinité, Patrie, Raison, Révolution ? Mais si je ne représente plus que moi-même, si je suis, selon le mot de Sartre, un être qui vaut tous les autres et que tous les autres valent, comment pourrais-je prétendre instaurer ce « grand style » ou cette « grande politique » que Nietzsche appelait encore de ses vœux ? Si l'on se refuse, comme y invite ce livre, à céder aux nostalgies des temps immémoriaux où la transcendance du divin, pour illusoire qu'elle puisse paraître, pouvait imprimer dans la plus humble œuvre humaine la trace du sacré, vers quel horizon sublime nous faut-il lever les yeux ?

La considération des domaines de la vie humaine qui échappent aux aléas du goût et de la sensibilité pourrait, je crois, nous mettre sur la voie. Ainsi en va-t-il du sport, spectacle démocratique s'il en fut, qui ne laisse pas de fasciner par la capacité qu'il offre de reconstituer des splendeurs aristocratiques au sein d'un monde qui en est par essence dépourvu. L'exemple semblera hors de propos, pour ne pas dire trivial s'agissant d'une analogie avec la haute culture. Qu'on songe pourtant à ceci : la compétition sportive repose par excellence sur les principes de l'égalitarisme si cher à l'humanisme moderne. Les règles y sont pour tous les mêmes, les équipements dont on se sert aussi, au point que la triche, qui introduit des inégalités, y symbolise le crime inacceptable entre tous. Cependant, des hiérarchies s'y reconstituent sur une base purement humaine et même, il faut l'avouer, une certaine grandeur. Des têtes dépassent, aussi inattendues qu'inexplicables et c'est par quoi elles suscitent l'admiration. Transcendances partielles, certes, mais qui donnent une image — il ne s'agit que de cela — de l'insondable grandeur humaine. Pourquoi ne la retrouverions-nous pas aussi dans la culture et dans la politique ?

Le double visage de la politique comme « technique » : culte de la performance et technocratie

Pourquoi la « mélancolie démocratique » s'empare-t-elle si aisément des peuples en apparence les mieux lotis ? Nos paisibles démocraties sont-elles si peu exaltantes que nous ne puissions éprouver pour elles le moindre attachement ? Les contre-modèles, pourtant, ne manquent pas : de l'Algérie à l'Iran, de la Serbie au Rwanda, du Soudan à l'Inde ou au Cambodge en passant par l'Égypte, les intégrismes de tous ordres ensanglantent les nations avec une telle férocité que nous aurions tout lieu de nous féliciter d'une situation privilégiée. Certes, il y a le chômage, de nouvelles formes de pauvreté et, sans doute, de lourds déficits démocratiques. Rien ne saurait les excuser ni les faire oublier. Mais ils règnent aussi en maîtres sur le reste du monde et, osons le dire, peut-être vaut-il mieux être chômeur à Bonn ou à Paris qu'ouvrier à Bombay ou Saint-Pétersbourg. Dans l'état actuel des choses, la volonté d'étendre à l'univers entier le système humaniste et laïque qui a si bien fait ses preuves dans l'Europe d'après-guerre aurait quelques raisons d'apparaître comme un dessein d'envergure, pour ne pas dire une belle utopie. La fidélité aux droits de l'homme, la liberté politique, la paix, une relative prospérité, le respect des autres cultures et le regard critique sur soi, n'est-ce pas là l'idéal que notre modeste Continent pourrait offrir au reste du monde s'il s'avisait de s'en inspirer ?

Sans doute le malheur des autres ne saurait-il nous convaincre de notre propre bonheur. Des esprits chagrins estiment même que, loin de le relativiser, il vient s'y ajouter. Quoi qu'il en soit, c'est pour une raison de fond que la comparaison avec des sociétés différentes ne suffit plus à justifier nos modes de vie : c'est maintenant *de l'intérieur*[1] que l'Occident commence à percevoir des failles que son opposition à des régimes hostiles, en particulier au communisme, lui avait si longtemps permis d'occulter.

De là, parallèle à la mort des avant-gardes, la lancinante complainte touchant la « fin des grands desseins » et la nécessité d'en retrouver d'urgence. L'homme politique des républiques islamiques peut prétendre tirer sa force de ce qu'il incarne une figure de l'Absolu. Le chef d'État nationaliste détient encore la possibilité de représenter aux yeux du peuple le génie incomparable de sa nation, entité sacrée parce que supérieure à ses membres. Lorsque de Gaulle est mort, la presse n'hésitait pas à titrer : « La France est veuve. » Je doute qu'un tel slogan soit encore applicable à aucun homme politique d'aujourd'hui, et, encore moins semble-t-il, de demain, tant est forte la désacralisation de l'idée de Nation. Le leader révolutionnaire maintenait, tant bien que mal, le sentiment d'incarner une mission sacrée. Dieu, la Patrie, la Révolution consacraient de grands desseins. Comment le politicien laïque et démocrate pourrait-il, en comparaison, ne pas faire figure de gestionnaire au petit pied ? On lui

---

1. C'est là, on s'en souvient, la thèse défendue par Francis Fukuyama mais aussi, sur un autre mode, par Pascal Bruckner dans *La Mélancolie démocratique* (Seuil, 1990).

accordera, dans le meilleur des cas, des vertus de compétence et de probité, mais comment suffiraient-elles à justifier l'exorbitante prétention, dont il hérite avec ou contre son gré, à s'élever au-dessus du commun des mortels pour leur servir de guide ? Il ressent l'urgence de formuler un vaste projet, le cercle de ses fidèles y travaille pour lui. Mais où trouver cette « grande politique » dans un univers dont la source et l'horizon sont si bien humanisés que rien ne peut s'y élever de sacré sans contrevenir aux idéaux laïcs et démocratiques ?

À défaut donc, il choisira de se maintenir au pouvoir. Et, puisque nous vivons en démocratie, il le fera par tous les moyens compatibles avec cette forme de régime. Sans y prendre garde, nous sommes entrés, depuis quelques années, dans l'ère de la politique comme *technique*, au sens philosophique du terme : une recherche de l'accroissement des *moyens* du pouvoir au détriment de toute réflexion sur les *finalités*, un art de la maîtrise pour la maîtrise, de la domination pour la domination. Nul hasard si le nom d'un homme habile, François Mitterrand, symbolise les deux effets les plus profonds de la période que nous venons de vivre : d'une part la liquidation des idées traditionnelles de la gauche, qu'on pourra apprécier différemment selon sa sensibilité[1] ; de l'autre, la mise à nu des mécanismes d'une politique technicienne dont la maîtrise permit à notre Président de rester aux affaires plus longtemps qu'aucun autre dans toute l'histoire de la République. D'un côté, la mort de la « raison objective », de cette raison qui fixe des fins, des « objectifs » justement, et ne s'en tient pas aux seules considérations tactiques ou stratégiques ; de l'autre, la consécration de la « raison instrumentale » et du machiavélisme...

Technique : voici désormais le maître mot. Encore faut-il en saisir l'exacte portée. Heidegger en fit remonter l'origine véritable à l'émergence de la science moderne, cartésienne, qui promettait aux hommes la domination de

---

1. On y verra, selon qu'on est plutôt libéral ou plutôt « fidèle » aux promesses d'une gauche pure et dure, un salutaire effet pédagogique ou une trahison.

l'univers. Progrès de la civilisation par ceux de la raison : voilà l'espoir qui animait toute la philosophie des Lumières. Mais avec cette croyance, nous étions loin, encore, du « monde de la technique » proprement dit, de cet univers d'où la considération des fins s'évanouit au profit exclusif de celle des moyens. Dans le rationalisme des XVIIe et XVIIIe siècles, le projet d'une maîtrise scientifique de la nature, puis de la société, possédait encore une visée émancipatrice : il demeurait en son principe soumis à la réalisation de certains *buts*. S'il s'agissait de dominer l'univers, de s'en rendre « comme maître et possesseur », ce n'était point par pure fascination de notre propre puissance, mais pour parvenir à certains objectifs qui avaient nom liberté et bonheur. Et c'est par rapport à ces fins que le développement des sciences apparaissait à nos ancêtres comme le vecteur d'un autre progrès : celui des mœurs. Illusoire, peut-être, mais point machiavélien.

Pour que notre vision du monde devînt de part en part technicienne, il fallait donc un pas supplémentaire. Il fallait que la volonté cessât de viser des fins extérieures à elle et se prenne, pour ainsi dire, elle-même comme objet. C'est là, selon Heidegger, ce qui advint dans la philosophie avec Nietzsche et son concept de *Volonté de puissance*, véritable soubassement métaphysique de la technique planétaire dans laquelle nous baignons aujourd'hui. Chez Nietzsche, en effet, la volonté authentique, la volonté accomplie est celle qui cesse d'être volonté *de quelque chose* pour devenir « volonté de volonté » : volonté qui vise l'accroissement des forces vitales, c'est-à-dire son propre accroissement, sa propre intensification comme telle. La volonté atteint ainsi la perfection de son concept : se voulant elle-même, elle devient maîtrise pour la maîtrise, force pour la force et cesse d'être assujettie, comme elle l'était encore dans l'idéal progressiste des Lumières, à des finalités extérieures.

Il est difficile, je crois, de ne pas accepter le diagnostic selon lequel notre vie politique vient de s'engager dans cette optique technicienne. De façon fort significative, lors de la réélection de François Mitterrand en 1988, le journal *Libération* titrait : « Bravo l'artiste ! », saluant ainsi la performance *en tant que telle* lors même que l'artiste en question venait, en un seul septennat, d'anéantir la quasi-totalité des idées sur lesquelles le journal de la gauche libertaire avait vécu depuis sa création. Contre cette consécration imbécile de la technique en politique, il faudra retrouver du sens, faire en sorte que nos concitoyens puissent se regarder à nouveau dans les yeux sans honte ni crainte, que la haine ne soit plus le terme le plus approprié pour décrire l'ambiance de nos banlieues. Je suis convaincu que nombre d'entre eux seraient prêts à accepter la rigueur à venir, à faire, comme on dit si bien, des sacrifices. Mais il faudrait pour cela qu'ils aient le sentiment de s'engager pour une cause en quelque façon transcendante et sacrée, que les sacrifices consentis ne le soient pas au profit d'une raison instrumentale, permettant aux dirigeants de se maintenir au pouvoir, mais s'inscrive dans un projet collectif propre à restaurer entre les hommes des rapports assez décents pour ne pas être insensés.

À cet égard, le passage du vocabulaire de la performance à celui, technocratique, de la *contrainte* n'est pas une réussite : il ne suffit pas d'opposer, à la démagogie de la raison instrumentale, le courage du réalisme pour faire saisir au peuple, c'est-à-dire à nous tous, le sens de la politique engagée. Songeons un instant à la façon dont ces fameuses contraintes nous sont d'ordinaire présentées, dans le langage des politiques « responsables » comme dans celui de la plupart des faiseurs d'opinion : il faudrait, dit-on, réduire des déficits, être « vertueux » ... pour satisfaire aux critères de la construction européenne (Traité de Maastricht, monnaie unique, etc.). Fort bien. Mais a-t-on réfléchi, ne fût-ce qu'une seconde, au fait qu'aucun citoyen, hors d'une élite bien particulière, ne saisit en quoi que ce soit les nécessités ni la *finalité* de la monnaie unique ? Qu'aucun d'entre eux n'a lu le traité en question ni ne se reconnaît dans *aucune des institutions européennes dont il ignore l'alpha et l'oméga* ? Soit encore ceci : il faut prendre en compte ces « marchés financiers qui nous regardent », parce que les « taux d'intérêt » ne baisseront pas si nous ne sommes pas sages. Je ne songe pas, cela va sans dire, à contester si peu que ce soit la validité de telles propositions mais seulement à dire haut et clair que, malgré quelques diplômes et un réel intérêt pour les questions politiques, je suis comme 99 % de mes concitoyens : dans l'ignorance absolue des mécanismes qui régissent le monde de la haute finance internationale. Sous ces expressions je glisse donc, comme tout un chacun, quelques images et représentations imitant de façon mécanique celles que j'entends de manière quasi quotidienne. Mais qu'est devenue la part du sens ?

Sur quel supposé savoir s'appuie une politique qui oppose — sans doute à juste titre, là n'est pas la question — le réalisme technocratique à la démagogie technicienne ? L'économie ne fait à aucun moment partie de la scolarité obligatoire, et cette « science » paraît si incertaine pour ceux-là mêmes qui prétendent la posséder, qu'aucun consensus ne semble s'en dégager. J'aimerais suggérer à nos politiques de faire un sondage sur ce que les Français, même d'un bon niveau culturel et scolaire, savent du Conseil de l'Europe ou du CAC 40, cet être étrange qui s'invite chaque soir à dîner chez nos concitoyens par l'entremise du journal télévisé. Peut-être mesureraient-ils alors combien il est déraisonnable d'espérer donner un sens à leurs projets en fondant ce qui intéresse tout le monde sur ce qui n'intéresse, et pour cause, personne ! D'autant que, pour corser la difficulté, nous perdons aujourd'hui, avec la construction européenne, le cadre dans lequel s'était noué un lien aussi original que ténu entre démocratie et solidarité : le cadre national. Je ne songe pas, là non plus, à nier les nécessités d'une Europe censée permettre aux vieilles nations d'avoir encore un rôle à jouer. Mais, pour autant, n'est-il pas insensé de sous-estimer le prix d'un tel « progrès » : c'est dans l'État-nation, et jusqu'à preuve du contraire nulle part ailleurs, que les individus *particuliers* parvenaient à se reconnaître dans la représentation, par leur classe politique, de quelque chose qui ressemblât un tant soit peu à l'intérêt *général*. C'est dans ce cadre encore que jouaient certaines solidarités. On ne peut donc, sans contradiction flagrante, déplorer la disparition de la *res publica* et la montée des corporatismes tout en favorisant l'éradication du seul espace connu où l'une pouvait trouver sa place et les autres être contenus. Sauf à exiger le beurre, l'argent du beurre et le sourire du laitier. Dans l'état actuel des choses, la construction européenne reste un « procès sans sujet » : elle produit du droit, des échanges commerciaux, des liens de tous ordres entre les peuples, *mais sans qu'à aucun moment cette production ne soit visible, ni a fortiori compréhensible par les citoyens*. Au sens propre, *irresponsable*, elle n'est imputable à aucun sujet : ni à un homme, faute de Président, ni à une souveraineté nationale, faute d'un Parlement digne de ce nom. Et l'on voudrait que l'Europe soit le grand projet d'aujourd'hui, celui qui viendrait donner sens à la politique après l'effondrement des idéologies ? Est-ce vraiment, en l'état, raisonnable ?

Entre la démagogie technicienne et la technocratie, même intelligente et bienveillante, entre le culte de la performance et la reddition aux « contraintes objectives », la politique moderne doit inventer de nouvelles voies, renouer avec le sens qu'elle a perdu du fait de la laïcisation du monde. Les contraintes sont, c'est leur nature, ce qu'elles sont. Est-il néanmoins concevable que, dans un pays aussi riche que le nôtre, l'utopie consiste seulement à réduire le nombre de chômeurs de deux cent mille par an, comme l'affirmait encore récemment un ancien candidat à la présidence de la République ? Ne serait-ce pas, au bout du compte et du septennat, se fixer comme objectif... de laisser encore, en mettant les choses au mieux, deux à deux millions et demi d'individus hors de cet espace de sens commun que devrait constituer toute communauté nationale ? La politique réaliste ne saurait se contenter d'un aussi piètre projet : faute de quoi elle rendra les armes aussitôt à la démagogie technicienne. Il faudra explorer des voies nouvelles, celles, peut-être du partage du travail, de la distinction entre activité productrice et activité sensée, inventer des formes de solidarité différentes de ce RMI qui évite le pire mais n'apporte ni dignité ni occupation à ses bénéficiaires. J'entends déjà le cœur des libéraux désenchantés : prenons garde, retrouver de la transcendance, n'est-ce pas réinstaurer une de ces utopies qui, pour être séduisantes et mobilisatrices, n'en sont que plus funestes et mortifères ? N'est-ce pas réintroduire, sous quelque forme que l'on voudra, le prin-

cipe ancien et dogmatique des arguments d'autorité ? Et
la signification qui s'associe si volontiers à l'idée de
transcendance ne serait-elle pas une lointaine cousine de
ce « sens de l'histoire » au nom duquel on commit tant
de crimes ?

Le réenchantement de la politique :
enraciner Dikè *dans* Philia

Retrouver du sens : la formule résonnera peut-être
comme un slogan dangereux ou vide. Combien de fois
n'avons-nous pas entendu nos politiques et, avec eux,
quelques intellectuels, évoquer la nécessité, que dis-je,
l'urgence, de « retrouver un grand projet », « réinventer
la politique », « refonder de vrais clivages », « rouvrir le
futur », etc. Et combien de fois avons-nous eu l'envie de
rétorquer, tout simplement : faites donc, ne vous gênez
pas ! Suivaient alors de sempiternelles et creuses incantations à édifier une « société-plus-solidaire-plus-juste-et-
plus-humaine » qui luttera contre « l'exclusion », assurera
la promotion des droits de l'homme et la protection de
la nature dans le contexte « global et planétaire » d'une
solidarité entre les peuples, etc. Soyons sincères : il n'est
plus un homme politique, plus un intellectuel qui puisse
tenir aujourd'hui semblable discours sans favoriser puissamment la tendance naturelle de nos concitoyens au zap-
ping... Les mots, si nobles soient-ils, se sont usés. La
politique technicienne, sous son double visage — le culte
de la performance, relayé dans la presse par ses absurdes
« en hausse/en baisse », et celui, technocratique, des contraintes imperceptibles aux ignorants —, n'a pas seulement conduit à occulter le social[1], ni même à liquider
les thèmes les plus classiques de la gauche, mais bien à
discréditer jusqu'à l'idée d'idées en politique.

---

1. À qui en douterait encore, je rappellerai simplement cet extrait
d'un discours de Jack Lang, prononcé à Blois, en 1990, lors d'une fête
répondant au doux nom de « Ramdam » : « Aujourd'hui, le centre,
c'est la périphérie. Ce n'est plus ce vieux centre-ville, classé, répertorié
au patrimoine national. La vraie vie, c'est celle des banlieues, de ses
Zac et de ses Zup, souvent pauvres, certes, mais si chaudes, si convivia-
les et bariolées. »

D'autant que la justice en question, depuis la fin du théologico-éthique et le retrait des communautarismes, a perdu sa dimension sensible, charnelle, pour devenir affaire de *lois*. C'est là la grandeur des morales laïques, mais aussi leur talon d'Achille[1]. Régi par l'État, élaboré par la représentation nationale, le droit reste inévitablement abstrait. La difficulté ne tient pas, comme on le prétend souvent sans réfléchir, aux définitions qu'on en donnerait ici et là, différentes à droite et à gauche et porteuses de ces fameux « clivages » permettant d'échapper à la « pensée unique ». En vérité, la célèbre[2] théorie proposée par John Rawls conviendrait fort bien à l'immense majorité : est juste une société qui, d'une part, respecte les libertés formelles, et d'autre part s'avère plus favorable qu'aucune autre au plus démuni de ses membres. Point final, ou peu s'en faut. Le vrai défi n'est pas théorique, mais tout à la fois pratique et spirituel : si l'on veut, non pas « redonner », mais donner sens à une politique désenchantée, il faut d'abord s'interroger sur les lieux concrets d'où émane ce sens pour des individus qui ne croient plus dans les vertus de l'État. La réponse, je crois, ne fait guère de doute : c'est dans *Philia* qu'aujourd'hui se décide au premier chef le sens de nos vies. Tant que la politique continuera de sous-estimer l'importance historiale de la naissance de l'amour moderne, tant qu'elle ne comprendra pas le potentiel extraordinaire de solidarité, de *sympathie* qui réside dans la sphère privée, tant qu'elle ne fera pas fond sur lui, rien, en elle, ne suscitera l'enthousiasme.

On objectera — on l'a fait déjà — que le « repli sur la sphère privée » ne saurait être à l'origine d'une nouvelle vision de la politique... puisqu'il en représente la négation la plus radicale. Et l'on soulignera, dans ce contexte, combien l'individualisme ambiant est par nature hostile à la reconstitution de « grands desseins » collectifs. C'est

---

1. Comme l'ont bien vu les « communautariens », Charles Taylor en tête.

2. Dans le monde entier, sinon en France. Rappelons que Rawls est l'auteur vivant dont l'œuvre a suscité le plus de commentaires, au point que la bibliographie qui lui est consacrée forme aujourd'hui un volume de près de huit cents pages !

là, me semble-t-il, l'erreur par excellence. Car il n'est pas, en vérité, d'opposition entre *Philia* et *Dikè*, entre la sacralisation de l'amour et des amitiés *privées* d'un côté, et, de l'autre, le souci d'une justice *universelle*. C'est au contraire en s'appuyant sur les sentiments que l'on peut rendre à la loi la dimension substantielle qu'elle a perdue du fait de sa séparation d'avec les communautarismes d'antan.

On objectera encore ceci : on ne saurait trop se méfier des sentiments en politique, la vertu de la loi se situant justement dans sa transcendance par rapport aux affects changeants ou impulsifs. À vouloir la réincarner dans le cœur des hommes, on risquerait une confusion des genres qui nous ramènerait aux anciennes conceptions de la justice, pour ne pas dire au totalitarisme. Bien sûr, la vigilance s'impose et la loi, pour former un cadre stable, ne doit pas se réduire aux affects. Il ne faut pas dissoudre l'élément juif dans l'élément chrétien, la loi dans l'amour[1]. Mais qui parle ici de « réduction » ? Une réconciliation suffirait. D'autant que les sentiments dont j'évoque ici l'émergence historique ne sont pas seulement *psychologiques* ou, comme eût dit Kant, *pathologiques*. Ils témoignent, ainsi que j'ai tenté de le montrer, d'un rapport nouveau au sacré : une transcendance inscrite dans l'immanence à la subjectivité humaine, dans l'espace d'un humanisme de l'homme-Dieu.

---

1. Pour reprendre un thème cher à Marek Halter, cf. *La Force du Bien*, Laffont, 1995.

CONCLUSION

L'HUMANISME DE L'HOMME-DIEU

Le christianisme est-il un humanisme ? Sans doute, puisqu'il situe l'homme au centre de la création et lui accorde, dans cet ordre intra-mondain, la place la plus éminente : celle de l'être créé à l'image de Dieu. Pourtant la question posée par le Pape, celle de la réinstauration, le cas échéant contre la loi civile, d'une théologie morale ancrée dans la « splendeur de la vérité » doit troubler les chrétiens attachés aux principes de l'humanisme démocratique. Comment, par exemple, concilier l'affirmation selon laquelle l'avortement est un meurtre *comme les autres* et se soumettre à une loi positive qui en autorise la pratique généralisée ? À qui convient-il d'obéir ? On tentera de distinguer le droit et la morale, la sphère publique de la loi et celle, privée, de la conscience. Mais la distinction ne vaut pas dans le cas du meurtre et s'avère insuffisante pour qui se voudrait fidèle aux enseignements du Magistère : c'est elle, justement, que Jean-Paul II nous appelle à contester. Et *de ce point de vue*, l'humanisme théologique, celui-là même qui défend la valeur absolue de la vie humaine, cesse d'être un humanisme juridique et politique : contre l'enracinement des lois dans la volonté des hommes réunis en assemblée séculière, il rappelle le primat des commandements divins [1]. De l'anthro-

---

1. Le cardinal Lustiger a parfaitement formulé les termes de ce dilemme : « Le fondement de la loi positive se découvre comme en deçà et au-delà d'elle-même. La loi civile demeure la seule procédure reconnue d'arbitrage d'opinion dans les sociétés démocratiques et plu-

pocentrisme, il nous enjoint de revenir au théocentrisme. La question de savoir si l'on peut dire du christianisme qu'il est un humanisme reste donc, selon la façon dont on l'envisage, largement ouverte...

Il en va de même, à mon sens, de l'humanisme athée que j'ai associé ici par souci pédagogique au discours des avocats. Qu'ils me pardonnent, ou m'accordent à tout le moins des circonstances atténuantes : il s'agissait, bien sûr, d'une métaphore. Mais à certains égards, le déterminisme auquel ils sont si souvent contraints de faire appel pourrait, semble-t-il, revendiquer le beau nom d'humanisme. Il conduit vers l'athéisme et le matérialisme. Or n'est-ce pas ce dernier qui pourrait nous affranchir enfin de la théocratie par laquelle, sans cesse, l'homme est renvoyé à l'hétéronomie des normes ? C'est ce que Nietzsche, avec son habituelle perspicacité, nous annonça en même temps que la mort de Dieu. J'ai déjà indiqué comment, en authentique matérialiste, il situait l'essence de toute religion dans la reconnaissance de valeurs « supérieures à la vie ». Cette assertion définit parfaitement les contours de ce que pourrait être un humanisme radical, un anthropocentrisme débarrassé des illusions de la théologie. C'est d'ailleurs dans un livre au titre évocateur, *Le Crépuscule des idoles*, qu'il affirme le plus nettement cette position : « Des jugements, des appréciations de la vie, pour ou contre, ne peuvent en dernière instance jamais être vrais : ils n'ont d'autre valeur que celle d'être des symptômes — en soi, de tels jugements sont des stupidités [1]. » Car, ajoute-t-il, la valeur de la vie *ne peut pas être appréciée*, ni par un vivant, par ce qu'il serait juge et partie, ni d'évidence par un mort...

L'argumentation, comme souvent chez Nietzsche, est quelque peu laconique. Il n'est pas inutile d'en déployer les articulations : elles vont bientôt servir d'assise philo-

---

ralistes. Le régime qui prétend s'emparer et disposer du fondement infondé du droit est, par hypothèse, totalitaire. Une clef du droit et du respect de la liberté consiste dans la distance entre l'obligation morale et sa détermination par le droit. Cependant, au-delà des dispositions juridiques, demeure l'instance qui les vérifie, la vérité qui les fonde. En toute justice. » Cf. *Devenez dignes de la condition humaine*, Flammarion, 1995, p. 36-37.

1. « Le cas Socrate », alinéa 2.

sophique à tous les réductionnismes. Elle représente à cet égard le plus grand assaut jamais conduit dans la pensée contre l'idée de transcendance. Que veut dire Nietzsche et pourquoi tant d'écho ? D'abord ceci : pour juger la vie, il faudrait pouvoir adopter sur elle une situation *d'extério- rité*, pouvoir poser, hors d'elle, les termes de référence auxquels s'adosser pour porter un jugement. Il faudrait supposer une sphère transcendante idéale, un Au-Delà, une distance à partir de laquelle il y aurait quelque signifi- cation à émettre des évaluations. Or c'est là l'illusion suprême, l'illusion par excellence de toute religion. L'homme est un vivant parmi d'autres, il *appartient* de plain-pied à la vie, il est immanent à elle et c'est pourquoi ses prétendus jugements ne sont que des symptômes, des émanations inconscientes d'un *certain type d'existence*. Il n'y a pas de « métalangage », de discours supérieur au nom duquel il serait possible de décider du sens et de la valeur du monde où nous sommes plongés.

Par où l'on voit comment Nietzsche trace la voie qui sera, du moins de façon dominante, celle des sciences humaines : il leur reviendra de montrer, faits et arguments à l'appui, comment se forgent les fantasmes de transcen- dance. Avec Durkheim, la sociologie dévoilera les res- sorts de cette extra-position : c'est parce que le tout est plus important que les parties, parce que la société est plus forte que l'individu, parce qu'elle lui transmet ses valeurs qu'il cède si volontiers aux illusions du sacré. Mais ce sacré n'est jamais qu'une forme déguisée de la conscience collective. Chez Freud, c'est dans l'incons- cient individuel que sera décelée l'origine de cette mytho- logie, avec, au final, un résultat analogue, sinon identique : la religion n'est que la névrose obsessionnelle de l'humanité. La sociobiologie et la génétique des com- portements compléteront bientôt le tableau, en évoquant des « gènes de la fraternité », expliquant la naissance de l'altruisme par l'histoire de la sélection naturelle. D'une façon générale, les sciences humaines, malgré la résis- tance de certains francs-tireurs, seront portées au réduc- tionnisme. Leur raisonnement reprendra celui de Nietzsche : les illusions de la transcendance naissent de la projection hors de nous de ce qui, en réalité, n'est qu'une part inconsciente de nous-mêmes. Elles relèvent de ce fétichisme, dont Marx montrait comment il consiste à accorder une objectivité à ce qui n'est jamais qu'un produit de l'histoire, sociale, psychique ou naturelle. C'est parce que ces histoires nous « dépassent » qu'elles peuvent donner parfois le sentiment du sacré. Contre un tel laisser-aller intellectuel, il faut sans cesse rappeler l'homme à l'immanence, sans cesse le ramener de la verticalité à l'horizontalité. Et s'il n'y consent guère volontiers, c'est bien sûr en raison des « résistances » liées à son inconscient. Ce sont elles qu'il faut vaincre et l'homme, alors, accédera à lui-même. Désaliéné, il deviendra ce qu'il est.

Voilà à peu près le raisonnement au nom duquel le matérialisme athée pourrait prétendre avancer, contre un christianisme qui s'en parait indûment, sous la bannière de l'humanisme. Pour deux raisons au moins, il me semble que ce titre ne lui convient pas davantage.

D'abord, je l'ai déjà suggéré, parce qu'en annulant a priori et par principe toute référence possible à une transcendance de quelque ordre qu'elle soit, il dissout l'homme dans son contexte. Nietzsche, du reste, ne s'y est pas trompé, qui eût à coup sûr refusé la bannière en question : elle renvoie encore au mythe d'un individu autonome et libre ; or l'être humain n'est qu'un fragment de volonté de puissance parmi d'autres. Les sciences humaines le confirment, en redoublant la réduction nietzschéenne à la Vie par celle du Dieu Histoire : l'homme n'est pas l'auteur de ses actes ou de ses idées, il n'est, à tous égards, qu'un *produit*.

Ensuite, parce que le matérialisme est toujours frappé au coin de cette contradiction que les logiciens contemporains nomment « performative » : il oublie sa propre position dans l'énoncé de ses thèses. Comme celui qui prétendait avoir été victime d'une catastrophe à laquelle nul n'aurait survécu, il nie sa subjectivité au moment même où elle prétend à la vérité. Le sophisme se repère jusque dans la proposition de Nietzsche. « Tout jugement sur la vie est un symptôme » : faut-il l'entendre comme une proposition « vraie » (ce qui contredit la thèse) ou à son tour comme un simple symptôme (ce qui lui interdit alors toute prétention à la vérité) ? En raison de cette contradiction, qui affecte en permanence le discours dominant des sciences humaines, le réductionnisme ne cesse de mettre celui qui le défend en désaccord avec lui-même : dans le contenu de son discours, il est relativiste, dénonce la transcendance, affirme le poids de l'histoire, des déterminations inconscientes par les divers contextes auxquels il prétend nous donner accès ; mais en son for intérieur, il est, comme tout un chacun, convaincu de la vérité de ses découvertes et de ses affirmations en lesquelles il voit non des symptômes illusoires et mensongers, mais des assertions rigoureuses, tout à fait indépendantes de son propre inconscient. Il fait exception pour lui, réintroduit, en somme, sa subjectivité libre sans pouvoir l'assumer comme telle. Et c'est cette négation de la personne réelle qui ôte au matérialisme la possibilité de se revendiquer pleinement comme humaniste. De là son ralliement au thème, à cet égard pertinent, de la « mort de l'homme » censée suivre immédiatement celle de Dieu.

L'humanisme dont j'ai tenté jusqu'alors d'esquisser le visage s'enracine dans une tout autre tradition de pensée. Son rapport à la religion chrétienne est plus nuancé, puisqu'il ne rejette ni le sacré, ni la transcendance, même s'il se refuse à les concevoir sur le mode dogmatique du théologico-éthique. Il faut tenter maintenant, sinon d'achever le tableau, du moins de lui donner quelques couleurs.

L'humanisme « transcendantal »

Sa tradition d'abord : c'est celle, bien sûr, de Rousseau et de Kant, mais aussi du cartésianisme revisité par Husserl et Levinas. Ces noms ne disent rien par eux-mêmes, ou plutôt ils disent trop. Il faut préciser. Voici ce qu'ils ont à mes yeux de commun et qui les situe aux origines de cet humanisme que je désigne ici comme « transcendantal » : la position « hors nature » du propre de l'homme. « Hors nature », c'est dire, aussi, hors des déterminismes qui régissent les phénomènes naturels.

C'est affirmer le mystère au cœur de l'être humain, sa capacité à s'affranchir du mécanisme qui règne sans partage dans le monde non humain et permet à la science de le prévoir et de le connaître sans fin. Cela se lit, chez Rousseau et Kant, dans la définition qu'ils donnent de la liberté humaine : une faculté insondable de s'opposer à la logique, implacable pour l'animal, des « penchants naturels ». Cela se lit encore chez Husserl dans sa critique du « psychologisme » et du « sociologisme » au nom desquels les sciences humaines voudraient réduire nos comportements à une physique des idées et des sentiments. C'est là, enfin, ce que réaffirment à leur façon Heidegger, Levinas et Arendt, lorsqu'ils définissent l'*humanitas de l'homme* en termes de « transcendance » ou d'« ek-sistence » : d'aptitude à s'élever au-delà des déterminations « ontiques » ou « intra-mondaines » pour pénétrer le domaine sacré de la « vie avec la pensée ».

Est-il irrationnel de poser le mystère de la liberté, de s'opposer ainsi à la logique du réductionnisme, lequel affirme et réaffirme sans cesse la loi de la causalité et le « principe de raison » ? Nous savons aujourd'hui, ou nous devrions savoir que le débat est, comme disent les mathématiciens, « indécidable ». Le principe en question est, par essence, irréfutable, « infalsifiable », au sens que Popper donnait à ce terme : impossible, en effet, de réfuter l'hypothèse déterministe selon laquelle les actions attribuées à l'effet d'une mystérieuse liberté et, par là même, posées en excès par rapport à la nature, pourraient être secrètement engendrées par quelque motivation inconsciente. C'est là, bien sûr, l'essence même de la force de séduction qui émane des sciences humaines déterministes : elles en appellent à l'invisible et prétendent, contre la naïveté des illusions de la conscience, le rendre enfin visible. L'effet démystificateur est toujours plaisant. Mais c'est aussi leur faiblesse : leur postulat fondamental, celui de la rationalité cachée, parce qu'il est irréfutable, n'est pas lui-même scientifique. Il relève d'un parti pris métaphysique et n'est, comme tel, qu'une croyance parmi d'autres. D'où la possibilité d'une « foi pratique » en l'existence de la liberté : si le Bien et le Mal ont un sens, s'ils doivent, du moins, en avoir un, il faut que je suppose l'homme capable de choisir entre eux. Il suffit, pour s'en convaincre, de réfléchir a contrario : imaginons un être qui serait, tel un robot maléfique, infailliblement programmé pour tuer, sans avoir en lui la moindre possibilité d'effectuer un autre choix ; il serait certes nuisible, mais point à proprement parler méchant, et l'on pourrait chercher à le détruire, mais non lui en vouloir pour des actions qu'il n'aurait pas, selon l'hypothèse même, pu éviter de commettre. N'étant pas doué de la qualité qui transforme un être en *personne*, ses actes n'auraient aucun sens, ce que symbolisent la voix métallique et l'œil glauque dont l'affublent les films de science-fiction.

Le débat est ancien. Tous les arguments en sont déjà connus et chaque tentative de les réactualiser me fait toujours penser à ces parties d'échecs fameuses que l'on rejoue pour imiter les grands maîtres. Les coups en sont prévisibles. Mon propos n'est pas d'y revenir ici [1]. Seulement de souligner en quel sens le parti pris de la liberté, car il s'agit bien d'un parti pris, d'un postulat, implique aujourd'hui une réinterprétation humaniste des principaux concepts de la religion chrétienne. L'opposition cardinale n'est pas, comme on l'a cru si longtemps, entre une religion dogmatique d'un côté et, de l'autre, le matérialisme déterministe, entre cléricaux et anticléricaux : le refus des arguments d'autorité est un fait acquis, sur lequel il serait, au sens propre, inhumain de revenir. Le vrai clivage passe au sein de l'humanisme moderne même, entre son interprétation matérialiste et son versant spiritualiste. Et il me semble que le second se doit d'assumer un certain réinvestissement du vocabulaire, et avec lui du message de la religion chrétienne. J'aperçois au moins cinq arguments qui plaident en faveur d'un tel réaménagement du religieux :

La position, à partir de l'humanisme même, c'est-à-dire en plein accord avec le refus des arguments d'autorité, de transcendances dans tous les champs de la vie, de la pensée et de la culture : nous ne cessons, sans même nous en rendre compte, de poser des valeurs supérieures à

---

1. J'en avais jadis déployé les articulations dans *Philosophie politique II. Le système des philosophies de l'histoire*, PUF, 1983.

l'existence, des valeurs pour lesquelles, à tout le moins, il vaudrait la peine de prendre le risque de la mort. L'amour, bien sûr, est la plus visible et la plus forte, non seulement parce qu'elle s'incarne dans la relation à d'autres personnes, mais parce qu'elle anime tous les autres ordres : du droit à l'éthique en passant par l'art, la culture ou la science. On peut aimer un être humain, mais aussi la justice, la beauté ou la vérité. Nous vivons dans des sociétés pacifiées et pacifistes, nourries par des idéologies vitalistes, qui tendent à nous faire croire que le risque est le mal absolu. Plutôt rouge que mort, disent-elles volontiers et le slogan prétend avoir valeur d'exemple. Il dissimule plutôt le fait que nous vivons en permanence avec ce risque et que, sans lui, la vie ne vaudrait pas d'être vécue. S'il n'existait pas d'êtres ou de valeurs pour lesquels je sois en quelque façon prêt à risquer cette vie, je serais un pauvre homme. Ce serait avouer que je n'aime pas. On peut l'oublier parfois, mais il est difficile de le nier toujours. Et c'est par quoi aussi l'attachement aux valeurs transcendant radicalement le monde des simples objets, parce qu'elles sont d'un autre ordre, implique une résistance au matérialisme, une aspiration à une *spiritualité* enfin authentique. *Enfin*, car c'est aujourd'hui sur une base humaine qu'elle réinstaure la catégorie religieuse de l'Au-Delà de la vie humaine. En aval de notre conscience et non plus en amont, comme le voulaient les principes de la théologie morale. Transcendances, donc, dans l'immanence à soi, mais néanmoins transcendances radicales au regard du matérialisme.

De là une seconde analogie avec la religion : non seulement l'humanisme transcendantal pose des valeurs au-delà de la vie, mais il le fait sans prétendre recourir à une démonstration susceptible de fonder ce geste en raison. C'est dire que ces valeurs conservent, malgré leur enracinement dans la conscience des hommes plus que dans une Révélation autoritaire, une part inéludable de mystère. De Descartes à Husserl en passant par Kant, une certaine tradition philosophique, celle à laquelle je réfère cet humanisme transcendantal, n'a cessé de poser des valeurs ou des significations « hors du monde ». Qu'on les désigne sous le nom « d'idées innées », de vérités éternelles, de « catégories a priori » ou « d'existentiaux » importe peu ici : dans tous les cas, il s'agissait de dévoiler une transcendance radicale par rapport à la sphère « ontique » de la simple nature. Or cette affirmation, qui peut se justifier et s'argumenter, n'est cependant pas, au sens strict, démontrable. Les expériences sur lesquelles elle repose sont intérieures et ne relèvent jamais que de la simple « monstration » phénoménologique, « rigoureuse » mais point « exacte » — ce qui en fait une cible privilégiée des réductionnismes soucieux de la rapporter au plus vite, par une solide chaîne de raisons, à son origine supposée dans la nature ou dans l'histoire. Un relativisme absolu devrait s'ensuivre et pourtant, rien n'y fait : 2 + 2 continuent de faire 4 pour tous les esprits, en tout temps et en tout lieu, et cette proposition, la plus simple de toutes, n'en reste pas moins une énigme absolue. « Ce qui est incompréhensible, disait Einstein, c'est que le monde soit compréhensible », preuve que le mystère n'est pas étranger à l'esprit scientifique, pourvu qu'il soit authentique. Dans l'ordre de l'éthique, pourtant censé plus « subjectif », certaines valeurs accèdent de manière irrésistible à l'universalité : par exemple, sans aller chercher plus loin, celles de la Déclaration des droits de l'homme, dont les islamistes eux-mêmes, par un hommage sans doute involontaire, prétendent trouver l'équivalent dans la Charia... Il n'est pas jusqu'à la sphère du goût, pourtant la plus intime entre toutes, qui ne s'élève à une certaine forme de *sens commun*. Pour être visibles au sein de la conscience de chacun, ces transcendances n'en demeurent pas moins entourées d'un mystère que l'humanisme transcendantal se doit d'assumer comme tel[1] : sans ce mystère, ce ne

---

1. Curieusement, les commentateurs ont peu remarqué (c'est un euphémisme) ce passage de la *Critique de la raison pure* (§ 21) où Kant pose le mystère, c'est-à-dire la contingence radicale, au cœur de la sphère du transcendantal : « Mais de cette propriété qu'a notre entendement de n'arriver à l'unité de l'aperception, a priori, qu'au moyen des catégories exactement de cette espèce et de ce nombre, nous pouvons aussi peu donner une raison que nous ne pouvons dire pourquoi nous avons précisément ces fonctions du jugement et non pas d'autres, ou pourquoi le temps et l'espace sont les seules formes de notre intuition possible. » Autrement dit, l'a priori, dont les deux carac-

sont pas seulement ces transcendances qui s'évanoui-
raient mais, en même temps qu'elles, l'humanité de
l'homme comme tel, réduit à une simple mécanique naturelle : celle du principe de raison. Nul hasard si les réductionnismes, le biologisme en tête, ne cessent de réaffirmer
la continuité qui va de l'animal à l'homme. Un petit chro-
mosome de rien du tout, voilà la seule différence s'excla-
ment-ils ! Leurs arguments sont d'une aveuglante
évidence et les faits sont là ! Au point qu'on en oublierait
presque l'enjeu : réduire l'homme à la nature, l'assimiler
enfin à un vivant parmi d'autres.

Troisième analogie avec la religion : les transcendances, incarnées dans l'immanence d'une conscience à
jamais mystérieuse pour elle-même, *relient* entre eux les
êtres humains. La position de valeurs *hors du monde*,
qu'elles s'inscrivent dans l'ordre de la science, de l'éthique ou de l'art, définit la *communauté* des personnes, au
lieu que l'inscription des valeurs *dans le monde* les
sépare. L'humanisme transcendantal est donc un humanisme abstrait, au sens que possède le terme lorsqu'il
s'agit de comprendre la grande Déclaration : ce n'est pas
dans les appartenances communautaires que résident les
droits, mais ils sont inhérents à l'humanité de l'homme
comme tel, abstraction faite de ses enracinements particuliers. Ce sont désormais les valeurs universelles qui sont
appelées à relier, au lieu que les attachements singuliers
risquent toujours, s'ils sont mal compris, de diviser : de
la religion, l'humanisme transcendantal conserve ainsi
l'esprit, l'idée d'un lien de communauté entre les hommes. Simplement, ce lien n'est plus situé dans une tradition, dans un héritage imposé de l'extérieur, dans un
amont de leur conscience, mais c'est en aval qu'il nous
faut désormais penser ce qui pourrait être l'analogue
moderne des traditions perdues : une identité post-tradi-
tionnelle.

Si l'on ajoute que les transcendances ainsi posées sur
un mode qu'on pourrait dire non dogmatique sont, en tant
que telles, *valorisées* par les hommes, on pourra bien les

---

téristiques majeures sont l'universalité et la nécessité, est, en son fond,
parfaitement énigmatique, pour ne pas dire totalement contingent.

subsumer sous la catégorie du *sacré*, de ce pourquoi un sacrifice est possible. C'est par la position des valeurs hors du monde que l'homme s'avère véritablement homme, distinct des mécanismes de l'univers naturel et animal auxquels les divers réductionnismes voudraient sans cesse le reconduire. Si le sacré ne s'enracine plus dans une tradition dont la légitimité serait liée à une Révélation antérieure à la conscience, il faut désormais le situer au cœur de l'humain lui-même. Et c'est en quoi l'humanisme transcendantal est un humanisme de l'homme-Dieu : si les hommes n'étaient pas en quelque façon des dieux, ils ne seraient pas non plus des hommes. Il faut supposer *en eux* quelque chose de sacré ou bien accepter de les réduire à l'animalité.

Transcendances mystérieuses, sacrées, qui nous relient parce qu'elles visent l'universel, mais aussi rapport à l'éternité, voire à l'immortalité. Envisager comme justifié, comme *sensé* de risquer sa vie pour un être ou pour des valeurs, c'est aussi, si l'on y réfléchit, se rapporter à l'au-delà du temps. C'est poser, pour un être fini, conscient de sa mortalité, que quelque chose vaut plus que la vie et est, par là, au-delà d'elle. Paradoxe ultime de cet humanisme de l'homme-Dieu puisque c'est du dedans d'une temporalité où il est de part en part immergé qu'il se sent requis par un dehors dont il ignore tout, sinon qu'il le requiert.

Cet humanisme irritera les chrétiens traditionalistes, qui verront dans le mouvement de l'humanisation du divin un processus sacrilège et idolâtre. Mais la divinisation de l'humain suscitera aussi bien la méfiance et l'ironie des matérialistes : ils décèleront dans ce nouveau spiritualisme un avatar supplémentaire de l'idéalisme dont une poursuite de l'activité scientifique ou critique fera bientôt justice. Aux premiers, je rappellerai cette parole du Christ, adressée aux Juifs qui s'apprêtent à le lapider :

« Je vous ai fait voir plusieurs bonnes œuvres venant de mon Père : pour laquelle me lapidez-vous ?

Les Juifs lui répondirent : Ce n'est point pour une

bonne œuvre que nous te lapidons, mais pour un blasphème et parce que toi, qui es un homme, tu te fais Dieu.

Jésus leur répondit : N'est-il pas écrit dans votre loi : J'ai dit : vous êtes des Dieux[1] ? »

Aux seconds, je dirai seulement que le projet, si présent aujourd'hui dans certains courants de la biologie contemporaine, de dévoiler les « fondements naturels de l'éthique », de la connaissance et des arts risque fort d'être un leurre. Qu'on me comprenne bien : de même que je respecte la foi, y compris sous ses formes traditionnelles, je n'éprouve aucun mépris à l'égard des tentatives « scientifiques » visant à dévoiler l'origine naturelle ou historique des valeurs. Simplement, le projet me semble en lui-même affecté d'un vice, si je puis dire, inaugural dès lors qu'il prétend à l'exhaustivité : en admettant que l'on parvienne à identifier certaines « bases neuronales » sous-jacentes à la capacité de former des choix éthiques ou esthétiques, comment pourrait-on supposer que le travail de la science puisse aller jusqu'à rendre raison de ces choix eux-mêmes ? Imagine-t-on sérieusement que l'on puisse un jour expliquer par des différences anatomiques ou génétiques les engagements de tel ou tel individu pour ou contre le racisme, la démocratie, l'égalité des sexes, etc. ? La différence entre un Allemand choisissant le nazisme et un autre Allemand, le cas échéant de la même famille, s'engageant dans la résistance, ne pourra jamais s'expliquer par la biologie... à moins, par un singulier retournement, de donner raison à l'idéologie nazie elle-même. Pourtant, cette différence a bel et bien *de facto* existé. Les vraies divergences, celles qui, sur le plan des valeurs, comptent vraiment, sont infinitésimales et imperceptibles au regard de ces machines lourdes que sont les réductionnismes...

*
* *

Voici, je crois, le plus grand paradoxe de notre rapport, laïque, au christianisme : la naissance de la vie sentimen-

---

1. Jean, X, 32-34.

tale moderne, la fondation affective des relations humaines les plus précieuses, fut liée à la sortie d'une religion qui prétendait délivrer un message d'amour. C'est elle qui conférait leur signification et leur prégnance aux communautarismes d'antan. C'est à elle, par conséquent, qu'il fallut d'abord s'opposer pour quitter la logique du « mariage de raison ». L'Église tente aujourd'hui de combattre cette perte du rapport traditionnel à la Révélation. Elle s'élève contre les orgueilleuses exigences de la liberté de conscience et du « penser par soi-même ». Un rappel à l'ordre qui semble, pour des raisons de principe, voué à l'échec. Non qu'il ne puisse rencontrer un écho chez ceux, et ils sont nombreux, qui souhaiteraient retrouver des repères enfin *indubitables*, des vérités solides, propres à calmer les peurs suscitées en chacun d'entre nous par la vie contemporaine. L'extraordinaire succès, le succès « médiatique » des tournées du Pape en témoigne. Mais le refus des arguments d'autorité n'est pas une péripétie, un déclin accidentel face auquel il suffirait de se ressaisir : ce fut l'événement dont l'histoire se servit pour révéler l'homme à lui-même. Sur ce chapitre, la philosophie, pour une fois unanime de Descartes à Hegel, l'emporte de façon irréversible sur les prétentions d'une religion dogmatique : l'homme n'est homme que par sa liberté, et l'hétéronomie tend à la réification. La restauration de la religion par sa *forme*, celle de la tradition héritée, se heurte ainsi à des obstacles qui ne relèvent pas d'un simple combat contre une prétendue déchéance historique.

L'actualité du *contenu* des Évangiles, en revanche, ne laisse pas de frapper. Alors que les religions de la Loi semblent guettées par le déclin ou les tentations intégristes, celle de l'Amour pourrait se réconcilier avec les motifs que les historiens des mentalités nous ont dévoilés. C'est *Philia* qui nous a écarté de la religion chrétienne, mais c'est elle aussi qui lui redonne sens et nourrit de manière inédite *Agapè*. Les Anciens s'attachaient à la *forme* religieuse en tant que telle, mais son contenu, le message d'amour, n'était guère porté par la réalité des rapports humains ; les Modernes, au contraire, rejettent l'hétéronomie du théologico-éthique, mais voient s'introduire dans leur vie quotidienne des sentiments propres à valoriser le *contenu* d'un discours qui sacralise l'amour et fait de lui le lieu ultime du sens de la vie. Le paradoxe est vécu concrètement par nombre de chrétiens : ils se sentent parfois plus proches d'un philosophe athée prêchant la beauté d'*Agapè*, que d'un chef d'Église soucieux de restaurer l'éclat d'une splendeur passée.

L'humanisme moderne renoue ainsi, sans même se donner la peine d'avoir à y songer, avec un thème central du christianisme : l'amour est, par excellence, le sentiment qui anime, donne un souffle et une âme à la « structure personnelle du sens ». Revers de la médaille : le deuil n'est pas une simple souffrance psychique mais, entre toutes, l'épreuve du non-sens. Le monde devient vide, il ne parle plus, il ne *veut* plus rien dire — angoisse à laquelle les croyants ne peuvent échapper que par la position d'un sujet absolu. Dieu est amour et, par bonheur, il est infini : il ne saurait mourir, ni par conséquent cesser de faire signe. Le non-sens est à jamais banni. L'humanisme moderne se reconnaît dans un aspect du message, sinon en tous : pour lui aussi l'amour est le lieu privilégié du sens et c'est par lui seul que se perpétue encore la teneur religieuse du sacrifice. L'humanité divinisée a pris la place du sujet absolu. C'est elle dont je dois pouvoir penser qu'elle est éternelle, qu'elle ne doit pas disparaître pour que subsiste encore du sens sur la surface de cette terre. Telle est la signification du fameux appel lancé par Hans Jonas à un « principe responsabilité » selon lequel il nous reviendrait de préserver à tout prix les conditions d'une existence digne de ce nom pour les générations futures. Voici pourquoi aussi le risque nucléaire possède un poids spécifique dans l'imaginaire collectif : il symbolise la possibilité, jadis impensable, d'une liquidation instantanée de toute vie humaine. C'est parce qu'il représente un pouvoir d'anéantissement maximal qu'il nous renvoie à ce qui, en nous, peut y répondre. Responsabilité, au sens propre, *sublime* : supérieure à ce pouvoir et le transcendant. De même qu'il se ressource dans l'idéal de l'amour chrétien, l'humanisme moderne s'accorde avec lui sur la définition de l'enfer : la solitude d'un univers à jamais dépourvu de signification. Le mal absolu reste attaché à l'idée d'une *séparation* irrémédiable d'avec le divin, d'une privation éternelle d'amour et, par là même, de sens. Les fameuses « tentations » du Diable n'ont pas d'autre visée. Il est, par son étymologie même, celui qui sépare. Pour s'être humanisée, sa figure n'en continue pas moins d'être présente et de donner sens, négativement, à nos existences.

Nous vivons aujourd'hui, je crois, le moment où les deux processus que j'ai tenté de décrire dans ce livre, l'humanisation du divin, la divinisation de l'humain, se croisent. Or ce croisement est un point et ce point, comment en irait-il autrement, une *confusion*. Je comprends bien que cette indétermination suscite la gêne. Chez les matérialistes, parce que la reconnaissance de transcendances échappe à la logique de la science et de la généalogie. Chez les chrétiens, bien sûr, parce qu'elle les contraint à reformuler leurs croyances en des termes qui puissent être enfin compatibles avec le principe du rejet des arguments d'autorité. Mais si le divin n'est pas d'ordre matériel, si son « existence » n'est pas de l'espace et du temps, c'est bien dans le cœur des hommes qu'il faut désormais le situer et dans ces transcendances dont ils perçoivent, en eux-mêmes, qu'elles leur appartiennent et leur échappent à jamais.

Table

Du même auteur :

PHILOSOPHIE POLITIQUE I : Le droit. La nouvelle querelle des anciens et des modernes, *P.U.F., 1984.*

PHILOSOPHIE POLITIQUE II : Le système des philosophies de l'histoire, *P.U.F., 1984.*

PHILOSOPHIE POLITIQUE III : Des droits de l'homme à l'idée républicaine, *P.U.F., 1985 (en collaboration avec Alain Renaut).*

SYSTÈME ET CRITIQUES, Essai sur les critiques de la raison dans la pensée contemporaine, *Ousia, 1985 (en collaboration avec Alain Renaut).*

LA PENSÉE 68, Essai sur l'antihumanisme contemporain, *Gallimard, 1985 (en collaboration avec Alain Renaut).*

68-86. Itinéraires de l'individu, *Gallimard, 1987 (en collaboration avec Alain Renaut).*

HEIDEGGER ET LES MODERNES, *Grasset, 1988 (en collaboration avec Alain Renaut).*

HOMO AESTHETICUS : l'Invention du goût à l'âge démocratique, *Grasset, 1990 (Collection « Le Collège de philosophie »).*

LE NOUVEL ORDRE ÉCOLOGIQUE, *Grasset, 1992 (Prix Médicis Essai ; Prix Jean-Jacques Rousseau).*

Biblio/essais

Composition réalisée par NORD COMPO

IMPRIMÉ EN FRANCE PAR BRODARD ET TAUPIN
Usine de La Flèche (Sarthe).
LIBRAIRIE GÉNÉRALE FRANÇAISE - 43, quai de Grenelle - 75015 Paris

ISBN : 2 - 253 - 14261 - 1   ❖ 31/4261/9